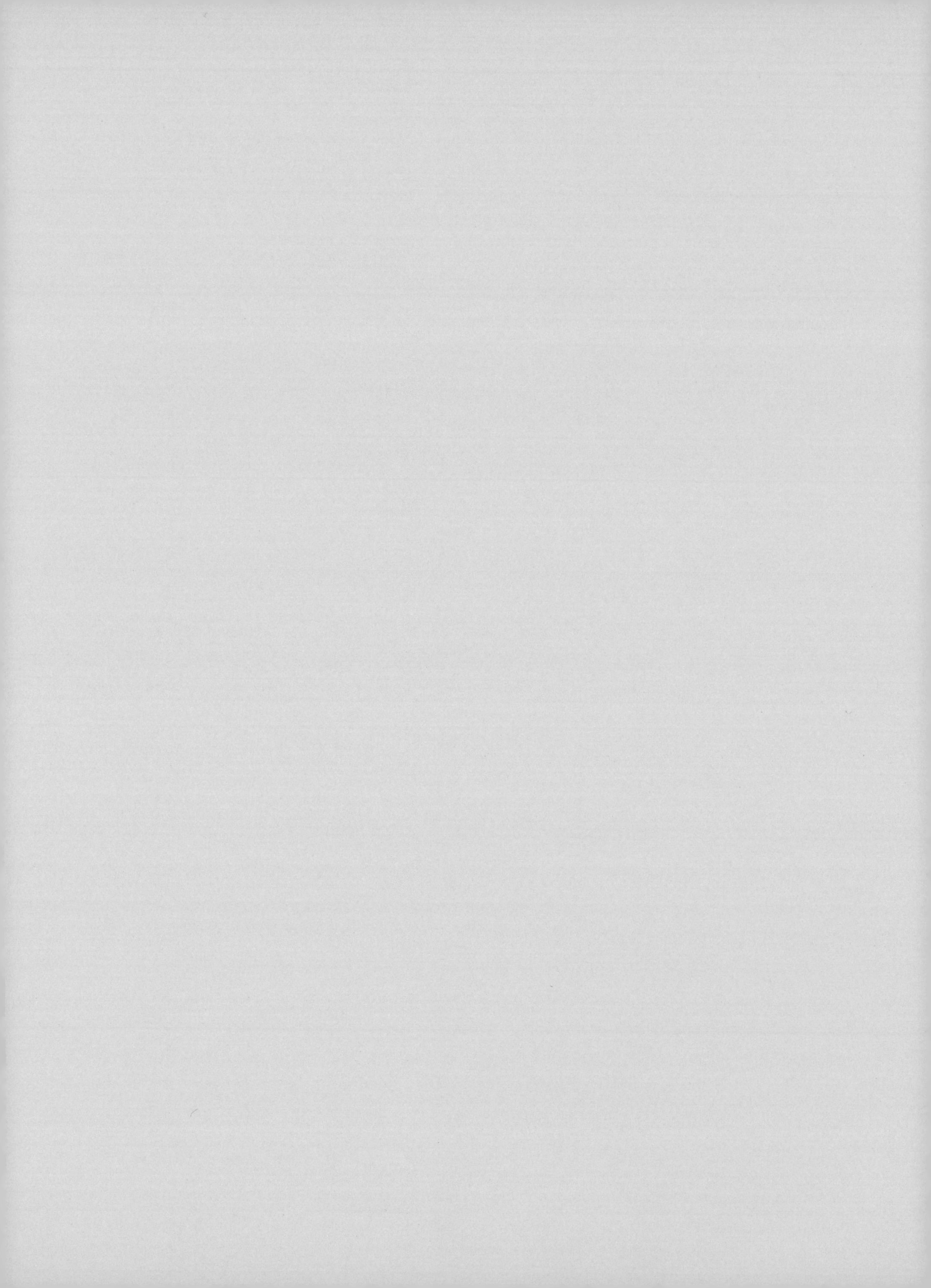

몽골어 첫걸음

МОНГОЛ ХЭЛНИЙ АНХНЫ АЛХАМ

몽골어 첫걸음

| 김기선 · Ulziibat, Dorj 지음 |

HU:iNE

서문

한국어와 몽골어는 투르크어, 만주-퉁구스어와 더불어 알타이어족에 속하며 조어법상 음운, 형태, 통사 등 언어의 여러 분야에서 많은 공통점을 가지고 있다. 특히 우리말과 어순이 같은 교착어라는 점에서 학습자들이 일반적으로 몽골어 학습이 쉬울 것이라 생각할 수도 있겠지만 한국인을 위한 학습교재의 저술은 이와는 또 다른 유형에 속하는 것이다.

학습자들이 몽골어를 처음 접할 때 몽골어가 한국어와 어순이 같다는 점에서 몽골어가 쉽다고 여겨 흥미를 갖고 시작하지만 시간이 흐르면서 의외로 몽골어 문법 및 작문이 어렵다고 느끼게 된다. 이러한 현상은 몽골식 사고나 몽골어 표현의 특징, 또한 우리말을 몽골어로 옮길 때의 문제를 고려하지 않기 때문이다.

그러므로 본 저술은 초급단계의 학습자들을 배려하여 몽골어 문장의 기본 구조에서부터 다양한 문형 분석에 이르기까지 학습자의 요구 수준을 충족시키며 광범위한 부문에서 양 언어의 공통점과 차이점을 명료하게 확인해 볼 수 있도록 주안점을 두었다.

한국과 몽골은 1990년 외교 관계를 수립한 이후 정치, 경제, 문화, 예술 등 다방면에서 급속도로 교류가 활발해지고 있다. 이러한 시점에서 본 책은 급변하는 세계화 시대에 부응하기 위한 좀 더 필수적인 입문 도입서로서 몽골어를 배우는 한국 학생들이 수업이나 개인 연구에서 이 책을 활용하는데 도움이 되고 전공의 길잡이 역할을 할 수 있도록 되도록 평이하게 기술하는데 유념하였다.

또한 이 책은 총 20개 단원으로 구성하였으며 몽골어를 처음 접하는 학습자들에게 몽골어에 쉽게 접근할 수 있도록 매 단원마다 관련 문법 내용을 요약하며 제시하였다. 또한 기본적인 몽골어 지식습득과 학습한 내용들을 학습자 스스로가 복습할 수 있도록 듣기, 문제풀기 및 실용적인 문형을 제시하여 학습자가 몽골어의 문장 구조 및 어휘, 문법 등을 쉽게 익힐 수 있도록 노력하였다. 내용과 구성에 있어 미비한 점이 있다면 추후 보정할 것을 다짐하며 선학 및 동학의 아낌없는 질정과 가르침을 바라 마지 않는다. 아울러 이 책을 스마트교재 앱 북으로 펴내도록 물심양면으로 지원해 주신 한국외국어대학교 지식출판원 직원 여러분께 고마운 인사를 드린다.

2017년 2월 16일

저자 김기선

Contents

Цагаан толгой

현대 몽골어 알파벳

현대 몽골어 알파벳 (Цагаан толгой)

문자	IPA음	한글음가	문자	IPA음	한글음가
А а	[a]	아	Р р	[r]	에르
Б б	[b]	베	С с	[s]	에스
В в	[v]	웨	Т т	[t]	테
Г г	[g]	게	У у	[u]	오
Д д	[d]	데	Ү ү	[ü]	우
Е е	[yɛ, yö]	예, 여	Ф ф	[f]	에프
Ё ё	[yɔ]	요	Х х	[x]	헤
Ж ж	[ʤ]	제	Ц ц	[ʦ]	체(치찰)
З з	[ʣ]	쩨	Ч ч	[ʧ]	체(치경)
И и	[i]	이	Ш ш	[ʃ]	이시
Й й	[ĭ]	하가스(반모음) 이	Щ щ	[ʃʧ]	이시체
К к	[k, kh]	카	ъ	" 경음기호	하토깅 템덱
Л л	[l]	엘	ы	[ï:]	이:
М м	[m]	엠	ь	ʻ 연음기호	절니 템덱
Н н	[n, ŋ]	엔	Э э	[ɛ]	에

О о	[ɔ]	어	Ю ю	[yu, yü]	요, 유
Ө ө	[ö]	우, 어, 워	Я я	[ya]	야, 예, 이
П п	[p, ph]	페			

현대몽골어의 자모는 모두 35자로 이루어져 있다. 러시아의 키릴문자를 차용하고, 그 중 몽골어에만 있는 모음을 표기하기 위하여 2개의 모음 글자(ө, ү)를 새로 만들어서 사용하고 있다. 현대몽골어의 정서법에서 사용되는 문자로는, 모음 13, 자음 20, 부호 2로 구성되어 있다.

몽골어의 모음 (Эгшиг үсэг)

1 모음 분류

일반적으로 모음은 조음 위치와 발음 길이, 또는 내부변화에 따라 분류된다. 현대몽골어의 모음도 마찬가지로 단모음과 장모음, 그리고 이중모음으로 분류된다.

몽골어 모음은 13개이다. 이 가운데 조음 위치에 따라 7개의 단모음을 기본모음(Үндсэн эгшиг) 'а[a], э[e], и[i], о[o], у[u], ө[ö], ү[ü]'으로 분류한다. 나머지 6개, 즉, 'я[ya], е[ye], ё[yo], ю[yu], й[ĭ], ы[i:]'는 보조모음(туслах эгшиг)이 된다.

소리의 지속 시간 및 내부적인 변화에 따라 7개의 장모음(Урт эгшиг - аа[a:], ээ[e:], ий[i:], оо[o:], уу[u:], өө[ö:], үү[ü:]), 7개의 이중모음(Хос эгшиг - ай[aĭ], яй[yaĭ], ой[oĭ], уй[uĭ], үй[üĭ], ау[au], уа[ua]), 1개의 삼중모음(уай[uaĭ]) 등이 있다.

2 기본 모음

а	э	о	у	ө	ү	и
아	에	어	오	어	우	이

а: 한국어의 '아'와 같은 음가를 가진다.

э: 한국어의 '에'와 같은 음가를 가진다.

о: 한국어의 '어'와 같은 음가를 가진다.

у: 한국어의 '오'와 같은 음가를 가진다.

ө: 한국어의 '어'와 같은 음가를 가진다.

ү: 한국어의 '우'와 같은 음가를 가진다.

и: 한국어의 '이'와 같은 음가를 가진다.

한국어와 몽골어의 기본모음 위치를 비교해 보면 다음과 같다.

혀의 높이와 위치	전설		중설		후설	
	평순	원순	평순	원순	평순	원순
높음	и ㅣ	ㅟ	ㅡ	ө		ү ㅜ
중간	э ㅐㅔ	ㅚ		о	ㅓ	у ㅗ
낮음			ㅏ		а	

3 보조 모음

현대몽골어의 보조 모음은 다음과 같다.

я	е	ё	ю	й	ы
야	예	여	유	이	이

я: 반모음 y와 a가 결합된 모음으로 한국어의 '야'와 비슷한 음가를 가진다.

е: 반모음 y와 e가 결합된 모음으로 한국어의 '예'와 비슷한 음가를 가진다.

ё: 반모음 y와 o가 결합된 모음으로 한국어의 '여'와 비슷한 음가를 가진다.

ю: 반모음 y와 u가 결합된 모음으로 한국어의 '요/유'와 비슷한 음가를 가진다.

й: 몽골어의 반모음 й는 만들어지는 틈이 좁은 데다가 지속시간도 짧아서 독립적으로 쓰이지 못하고 항상 기본 모음과 같이 쓰인다.

ы: 음가는 장모음 ий와 동일하지만 정서법 구별을 위하여 쓰이고 있다.

4 장모음과 이중/삼중모음

현대 몽골어에서의 장모음은 단모음보다 발음지속 시간이 길다. 장모음을 표기할 때 단모음을 중첩하여 쓴다. 몽골어의 장모음은 다음과 같다.

аа	ээ	оо	уу	Өө	үү	ий
아	에	어	오	어	우	이

몽골어의 일부 모음은 조음 과정에서 내적인 변화를 가지며 이런 모음을 이중/삼중모음이라고 한다. 몽골어의 이중모음은 다음과 같다.

ай	эй	ой	уй	Үй	ау	уа
아이	에이	어이	오이	우이	아오	오아

몽골어의 삼중모음은 다음과 같다.

Уай
와이

5 모음조화, 양성모음과 음성모음

몽골어에서는 양성모음과 음성모음, 그리고 중성모음에 대한 개념이 있다. 양성모음 비교적 입을 크게 벌려서 내는 소리로 밝고 가볍고 맑고 빠르고 작은 느낌을 주는 모음인데, 'a, o y' 등이다. 음성모음은 양성모음과 상대적으로 어둡고 무겁고 칙칙하고 느리고 큰 느낌을 주는 모음인데, 'э, ө, ү' 등이다. 모음 'и'는 중성모음이다. 양성모음과 음성모음은 모음조화와 긴밀하게 관련이 있는 개념이기 때문에 잘 알아 두어야 한다.

모음조화라는 것은 두 음절 이상의 단어에서, 뒤 음절의 모음이 앞 음절 모음의 영향을 받아 아주 같거나 그에 가까운 성질의 모음이 어울리는 현상이다. 따라서 첫 음절에 양성모음이 있을 때는 그 뒤에는 양성모음이 오고, 음성모음이 있을 때는 음성모음만 올 수 있다.

현대몽골어의 양성과 음성, 그라고 중성모음은 다음과 같다.

양성모음	а о у
음성모음	э ө ү
중성모음	и

현대몽골어의 모음조화 배열은 다음과 같다.

어두음절 모음	후행음절 모음		
	단모음	장모음	이중모음
а	А	аа уу ы	ай иу иа
о	О	оо уу ы	ой
у	А	уу аа ы	ай иу
э	Э	ээ үү ий	эй
ө	Ө	өө үү	эй
ү	Э	үү ээ ий	эй
и	Э	ээ үү ий	эй

몽골어의 자음 (Гийгүүлэгч үсэг)

몽골어의 자음은 일반적으로 'б[b], в[v], г[g], д[d], ж[ʣ], з[ʤ], к[k], л[l], м[m], н[n/ŋ], п[p], р[r], с[s], т[t], х[x], ф[f], ц[ʦ], ч[ʧ/ch], ш[ʃ/sh], щ[ʃʧ]' 등 20개가 있다. 몽골어의 자음은 성대의 진동 유무에 따라 유성음과 무성음으로 분류되는 반면 한국어의 자음은 공기를 내뿜는 정도에 따라 평음, 경음, 격음으로 분류된다. 한국어와 몽골어의 자음 조음 위치와 방식에 따른 분류는 다음과 같다.

조음 방법			순음	치음	치경음	경구개 치경음	연구개음	성문음
폐쇄음	무성음	경음	ㅃ	ㄸ			ㄲ	
		격음	ㅍ п	ㅌ т			ㅋ к	
		평음	ㅂ	ㄷ			ㄱ	
	유성음		б	д			г	
파찰음	무성음	경음				ㅉ		
		격음		ц	ч	ㅊ		
		평음				ㅈ		
	유성음			з	ж			
마찰음	무성음	경음			ㅆ			
		격음						
		평음	ф	с	ㅅ ш			ㅎ х
	유성음		в					
비음	무성음							
	유성음		ㅁ м	ㄴ н			ㅇ н	
설측음	무성음							
	유성음				ㄹ л			
탄설음	무성음							
	유성음				ㄹ р			

1 폐쇄음

현대몽골어의 폐쇄음은 다음과 같다.

б	П	д	т	г	к
베	페	데	테	게	케

б: 한국어의 'ㅂ'와 같다.

п: 한국어의 'ㅍ'와 같다.

д: 한국어의 'ㄷ'와 같다.

т: 한국어의 'ㅌ'와 같다.

г: 한국어의 'ㄱ'와 같다.

к*: 한국어의 'ㅋ'와 같다.

* 몽골어의 자음 'к, п, ф, щ'는 특수 4자음이라 한다. 'п'는 의태어나 의성어 등의 단어에서만 드물게 나타나며, 나머지 'к, ф, щ'는 외래어에만 나타난다.

2 파찰음

현대몽골어의 파찰음은 다음과 같다.

з	ж	ц	ч
제	지에	체	치에

з: 한국어의 '제'와 같다.

ж*: 한국어의 '제(지에)'와 같다.

ц: 한국어의 '체'와 같다.

ч**: 한국어의 '체(치에)'와 같다.

*, ** 몽골어의 자음 'ж,ч '는 치경음으로 혓바닥이 경구개에 작용하여 소리 난다. 따라서 'з, ц'보다 약간 구개음화시켜 발음해야 한다.

3 마찰음

현대몽골어의 마찰음은 다음과 같다.

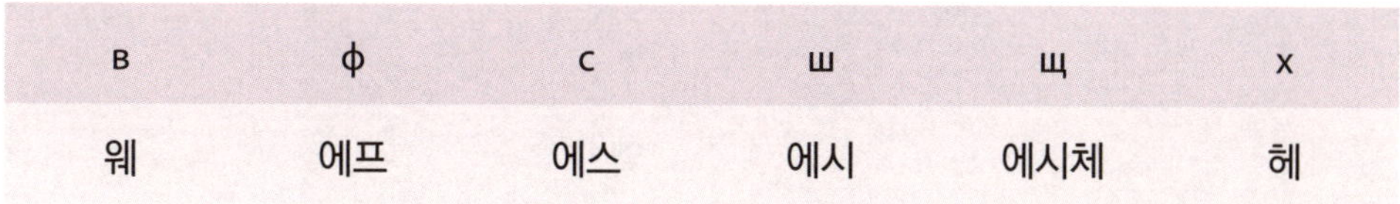

в	ф	с	ш	щ	х
웨	에프	에스	에시	에시체	헤

в: 몽골어의 'в'는 반모음 자음이다. 한국어에는 합당한 글자가 없으므로 '웨'로 표기한다.

ф: 이 자음도 한국어에 없는 관계로 '에프, 프'로 적는다.

с: 한국어의 'ㅅ'과 같다.

ш: 한국어의 '시'와 비슷하다.

щ: 한국어에 합당한 자음이 없으므로 '에시체'로 적는다.

х: 한국어의 'ㅎ'과 같다.

4 비음

현대몽골어의 비음은 다음과 같다.

м	н	н
엠	엔	엥

м: 한국어의 'ㅁ'과 같다.

н*: 한국어의 'ㄴ' 및 'ㅇ'과 같다.

* 'н'뒤에 모음이 오면 'ㄴ'을 나타내고, 뒤에 모음이 오지 않으면 'ㅇ'을 나타낸다.

5 설측음

현대몽골어의 설측음은 다음과 같다.

л
엘

л: 한국어의 받침소리의 'ㄹ'과 같다.

6 전동음(trill)

현대몽골어의 전동음은 다음과 같다.

р
에르

р: 한국어의 초성의 'ㄹ'과 같다.

몽골어의 부호자 (Тэмдэг үсэг)

1 연음부호 - ь

몽골어의 연음부호(Зөөлний тэмдэг) 'ь'는 앞에 오는 음이 구개음화 되는 경우 사용된다.

2 경음부호 - ъ

양성모음이 있는 단어에 들어간 я, ё모음이 앞에 있는 자음으로부터 분리되어 발음될 경우 경음부호(Хатуугийн тэмдэг)로 분리시켜 적는다.

발음 연습 (Унших дасгал)

1 모음 발음 연습

A aa ай

ам	зам	бар	нар	сав
[am]	[dzam]	[bar]	[nar]	[sav]
입	길	호랑이	해, 태양	그릇
хавар	намар	сурах	харах	дарах
[xavăr]	[namăr]	[surăx]	[xarăx]	[darăx]
봄	가을	배우다	보다	누르다

аав	агаар	хадаас	хаана	цаас
[a:v]	[aga:r]	[xada:s]	[xa:nă]	[ʦa:s]
아버지	공기, 대기	못	어디	종이

аймаг	хайр	далай	байр	байна
[aĭmăg]	[xaĭr]	[dalaĭ]	[bair]	[baină]
도(道)	사랑	바다	숙소	있다

э　　ээ　　эй

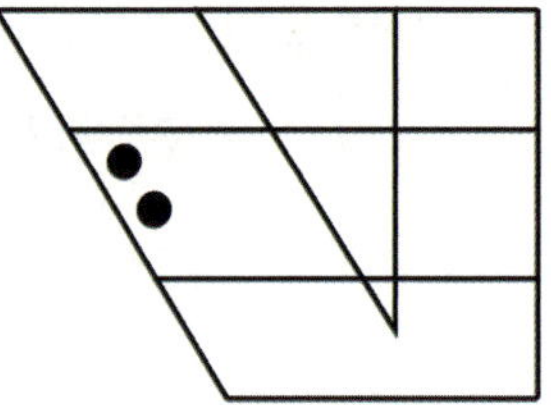

эр	эм	эх	эцэг	тэнгэр
[er]	[em]	[ex]	[eʦĕg]	[tengĕr]
남성	여성	모(母), 어머니	부(父), 아버지	하늘

нэр	эрдэм	мэдэх	мэдээлэл
[ner]	[erdĕm]	[medĕx]	[mede:lĕl]
이름	학문	알다	정보

ээж	дээвэр	эмээ	дээр	ээмэг
[e:j]	[de:ver]	[eme:]	[de:r]	[e:mĕg]
어머니	지붕	할머니	위	귀걸이

хэрэгтэй	нэртэй	эгчтэй	хээтэй
[xerĕgtei]	[nertei]	[egchtei]	[xe:tei]
필요하다	유명하다	누나가 있는	무늬 있는

о Оо ой

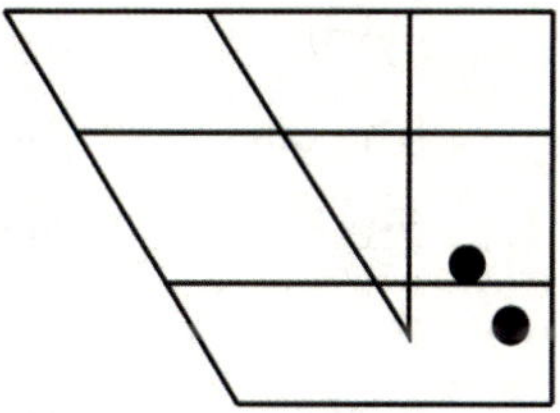
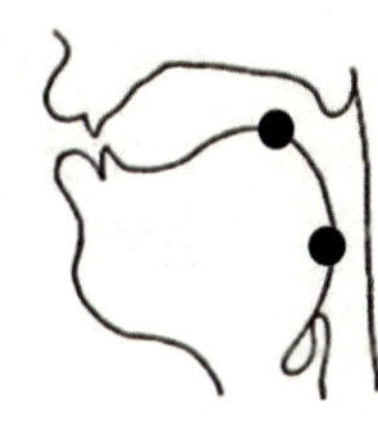

од	он	бор	тос	олон
[od]	[oŋ]	[bor]	[tos]	[olŏŋ]
별	해, 년	갈색	기름	많은
орон	монгол	хоромхон	номхон	бороо
[oroŋ]	[moŋgŏl]	[xorŏmxŏŋ]	[nomxŏŋ]	[boro:]
나라	몽골	순식간에	순한	비
одоо	тоо	хоол	боох	ноос
[odo:]	[to:]	[xo:l]	[bo:x]	[no:s]
지금	숫자	음식	포장하다	모(毛)
ой	нохой	толгой	оймс	могой
[oĭ]	[noxoĭ]	[tolgoĭ]	[oĭms]	[mogoĭ]
숲	개	머리	양말	뱀

у уу уй уа

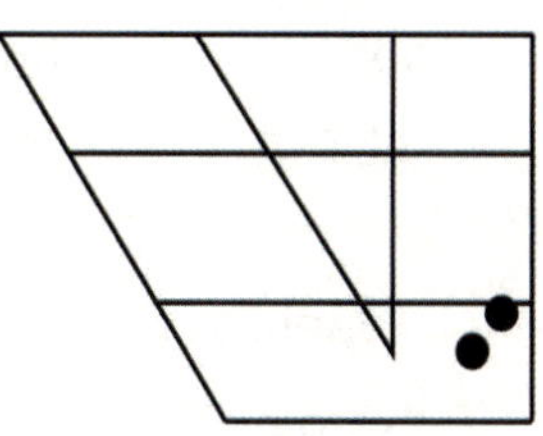
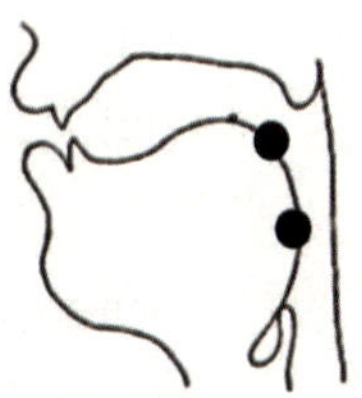

улс	ус	улам	нум	зураг
[uls]	[us]	[ulăm]	[num]	[ʣurăg]
국(國), 나라	물	더, 더욱	활	그림, 사진

нутаг	чухал	бурхан	хутга	дуртай
[nutăg]	[chuxăl]	[burxăn]	[xutgă]	[durtai]
고향	중요	신(神)	칼	좋아하다

уул	дуудах	дундуур	буруу	хуруу
[u: l]	[du:dăx]	[dundu:r]	[buru:]	[xuru:]
산	부르다	가운데	그르다	손가락

уйлах	уйдах	бугуй	дугуй	харанхуй
[uĭlăx]	[uĭdăx]	[buguĭ]	[duguĭ]	[xarănxui]
울다	심심하다	손목	바퀴	어둡다

гуанз	гуа	хуар	лянхуа
[guanʣ]	[gua]	[xuar]	[lyanxua]
식당	미(美)	무늬	연꽃

ө　　　өө

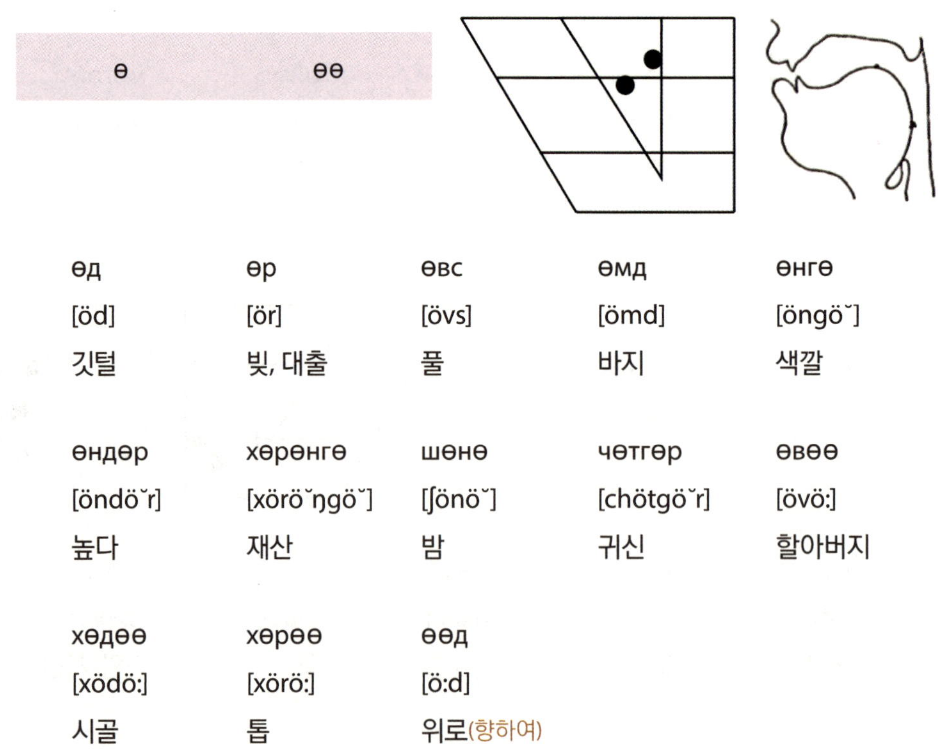

өд	өр	өвс	өмд	өнгө
[öd]	[ör]	[övs]	[ömd]	[öngöˇ]
깃털	빚, 대출	풀	바지	색깔

өндөр	хөрөнгө	шөнө	чөтгөр	өвөө
[öndöˇr]	[xöröˇŋgöˇ]	[ʃönöˇ]	[chötgöˇr]	[övö:]
높다	재산	밤	귀신	할아버지

хөдөө	хөрөө	өөд
[xödö:]	[xörö:]	[ö:d]
시골	톱	위로(향하여)

ү　үү　үй

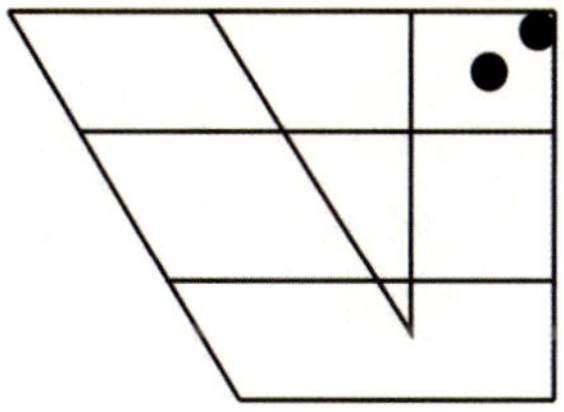

үг	үнэ	нүд	үлгэр	үнсэх
[üg]	[ünĕ]	[nüd]	[ülgĕr]	[ünsĕx]
단어	가격	눈(眼)	신화	뽀뽀하다
үүд	үүр	үүрэг	хүзүү	үүсэх
[ü:d]	[ü:r]	[ü:rĕg]	[xüʤü:]	[ü: sĕx]
문	둥지	의무	목	생기다
үйл	үйрэх	үгүй	мэдэхгүй	явахгүй
[üĭl]	[üĭrĕx]	[ügüĭ]	[medĕxgüĭ]	[yavăxgüĭ]
행위	부서지다	아니다	모르다	안 가다

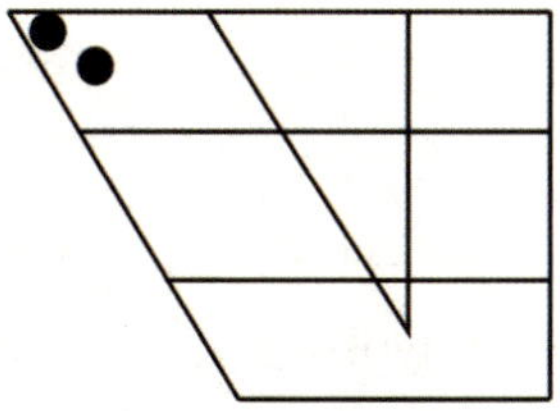

и　ий　ы

их	иргэн	ашиг	харин	дахин
[ix]	[irgĕn]	[aʃĭg]	[xarĭn]	[daxĭn]
많다	국민	이익	그러나	다시
анги	салхи	архи	тавих	тамхи
[angĭ]	[salxĭ]	[arxĭ]	[tavĭx]	[tamxĭ]
교실/학과	바람	술	놓다/두다	담배

ийм	тийм	хийх	хэтэрхий	миний
[i:m]	[ti:m]	[xi:x]	[xetĕrxi:]	[mini:]
이런	저런	하다/만들다	과도하게	내/나의

ахын	аавын	номын	нарны	компьютерын
[axi:n]	[a:vi:n]	[nomi:n]	[narni:]	[komp'yütyeri:n]
형의	아버지의	책의	해의	컴퓨터의

я яа   е еэ   ё ёо   ю юу юү

явах	ямар	мянга	баян	яах
[yavăx]	[yamăr]	[myaŋgă]	[bayaŋ]	[yax]
가다	어떤/무슨	천(千)	부자	어떻다

ер	ес	европ	бие	еэ!
[yer]	[yös]	[yovrop]	[biye]	[ye:]
구십	구(九)	유럽	몸	아이구!

ёс	ёслол	хоёр	ёотон	ёо! ёо!
[yos]	[yoslŏl]	[xoyor]	[yo:tŏn]	[yo: yo:]
예절	예식	둘	각설탕	아야! 아퍼라!

юм	юу	оюутан	компьютер	буюу
[yum]	[yu]	[oyutăŋ]	[komp'yütyer]	[buyu]
것	무엇	학생	컴퓨터	혹은/즉

2 자음 발음 연습

б				п		
ба	бэ	бо	бу	бө	бү	би
па	пэ	по	пу	пө	пү	пи

бас	хэлбэр	явбал	Халбага
[bas]	[xelběr]	[yavbăl]	[xalbăgă]
또	형태	가면	숟가락
пүрэв	пальто	парламент	Паспорт
[pürěv]	[pal'to]	[parlament]	[pasport]
목요일	외투	국회	여권

д				т		
да	дэ	до	ду	дө	дү	ди
та	тэ	то	ту	тө	тү	ти
ад	эд	од	уд	өд	үд	ид
ат	эт	от	ут	өт	үт	ит

дээд	доод	удаан	Хад
[de:d]	[do:d]	[uda:ŋ]	[xad]
위	아래	천천히	바위
татах	дутах	уут	Том
[tatăx]	[dutăx]	[u:t]	[tom]
당기다	모자라다	봉투	크다

г	к

га	гэ	го	гу	гө	гү	ги
аг	эг	ог	уг	өг	үг	иг
ага	эгэ	ого	уга	өгө	үгү	иги
ка	кэ	ко	ку	кө	кү	ки

гал	угаах	багтах	багадах
[gal]	[uga:x]	[bagtăx]	[bagădăx]
불	씻다	들다/속하다	부족하다/작다
баг	бага	кран	банк
[bag]	[bagă]	[kraŋ]	[baŋk]
탈/가면	작다	크레인	은행

з	ж

за	зэ	зо	зу	зө	зү	зи
жа	жэ	жо	жу	жө	жү	жи

зам	зурам	задлах	зан
[ʣam]	[ʣurăm]	[ʣadlăx]	[ʣaŋ]
길	다람쥐	풀다	성격
жам	журам	жадлах	жан
[ʤam]	[ʤurăm]	[ʤadlăx]	[ʤaŋ]
도(道)/법(法)	규칙	창으로 찌르다	장(醬)

ц				ч		
ца	цэ	цо	цу	цө	цү	ци
ча	чэ	чо	чу	чө	чү	чи

цаг	цацах	хоцрох	ургац
[tsag]	[tsatsăx]	[xotsrŏx]	[urgăts]
시계	뿌리다	늦다	수확
чанга	чацаргана	ачих	Жолооч
[chaŋgă]	[chătsărgănă]	[achix]	[dʒolo:ch]
(소리를) 크게	차차르간(열매)	싣다	운전기사

В				Ф		
Ва	вэ	во	ву	вө	вү	ви
Фа	фэ	фо	фу	фө	фү	фи

Ваар	вандуй	авав	Явбал
[va:r]	[vandui]	[avăv]	[yavbăl]
항아리	콩	받았다	가면
факультет	форум	философи	ферм
[fakul'tet]	[forum]	[filosofi]	[fyerm]
단과대학	포럼	철학	농장

с			ш			
са	сэ	со	Су	сө	сү	си
ша	шэ	шо	Шу	шө	шү	ши

сар	асрах	үсэг	ус
[sar]	[asrăx]	[üsĕg]	[us]
달	돌보다	글자	물
шар	ашиг	шороо	маш
[shar]	[ashĭg]	[shoro:]	[mash]
노랗다	이익	흙	너무

х						
ха	хэ	хо	ху	хө	хү	хи

хэн	хар	хахах	ах
[xeŋ]	[xar]	[xaxăx]	[ax]
누구	검다	목메다	형

м						
ма	мэ	мо	му	мө	мү	ми

мал	хамар	эмээ	эм
[mal]	[xamăr]	[eme:]	[eb]
가축	코	할머니	약

н	н

ана	энэ	оно	уну	өнө	үнү	ини
ан	эн	он	ун	өн	үн	ин

хана	нар	унага	үнэр
[xană]	[nar]	[unăgă]	[ünĕr]
벽	해, 태양	망아지	냄새
хаан	ганган	мөнгө	номын сан
[xa: ŋ]	[gaŋgăŋ]	[möŋgöˇ]	[nomi: ŋ saŋ]
왕	화려한	돈	도서관

л	лх	р

ла	лэ	ло	лу	лө	лү	ли
ра	рэ	ро	ру	рө	рү	ри

лам	луу	баллах	бал
[lam]	[lu:]	[ballăx]	[bal]
라마 스님	용	지우다	펜
Лхагва	Лхам	Лхүндэв	
[lxagva]	[lxam]	[lxündĕv]	
수요일	을함 (인명)	을훈데브 (인명)	
Радио	оролдох	харлах	нар
[radio]	[orŏldŏx]	[xarlăx]	[nar]
라디오	만지작거리다	검어지다	해

3 부호자 발음 연습

ь(약한 i)		ъ(앞 뒤 글자 사이의 휴식 표시)	
морь [mor'] 말 (馬)	сургууль [surgu:l'] 학교	харья [xar'ya] 집에 갑시다	барья [bar'ya] 잡읍시다
авъя [av"ya] 받읍시다	явъя [yav"ya] 갑시다	оръё [or"yo] 들어갑시다	товъёг [tov"yog] 차례

бар	Барь
тав	Тавь
хуул	хууль
ур	Урь
дуул	дууль
сор	Сорь

барья	барья
харья	харъя
больё	болъё
урья	уръя

제1과

Мэндчилгээ

인사

학습 목표

- 몽골인의 상호예절과 인사법 소개

어휘

сайн	잘, 안녕히	байна	있다
сонин сайхан	재미있고 좋은	юутай	무엇이 있다
юмгүй	무엇이 없다	сайхан	좋은, 아름다운
амрах	쉬다	өглөө	아침
өдөр	낮	орой	저녁
маргааш	내일	дараа	다음
уулзах	만나다	баяртай	기쁘다, 기쁘게

본문

Сайн байна уу? 안녕하세요?

A

Бат: Сайн. Сайн байна уу?
바트: 안녕하세요?

Цэцэг: Сайн. Сайн уу?
체첵: 네. 안녕하세요?

Бат: Сонин сайхан юутай байна вэ?
바트: 어떻게 지내시나요?

Цэцэг: Юмгүй дээ. Юутай байна?
체첵: 별 일 없습니다. 어떻게 지내시나요?

Бат: Юмгүй.
바트: 별 일 없습니다.

B

Бат: Энэ хэн бэ?
바트: 이분은 누구십니까?

Цэцэг: Энэ (хүн/бол) Болд.
체첵: 이분은 볼드씨 입니다.

Бат: Тэр хэн бэ?
바트: 저분은 누구십니까?

Болд: Тэр (хүн/бол) Цэцэг.
볼드: 저분은 체첵씨 입니다.

C

Бат: Та оюутан уу?
바트: 당신은 학생입니까?

Цэцэг: Тийм, би оюутан.
체첵: 네, 저는 학생입니다.

Бат: Энэ таны үзэг үү?
바트: 이것은 당신 볼펜입니까?

Цэцэг: Биш, энэ миний үзэг биш.
체첵: 아닙니다. 이것은 제 볼펜이 아닙니다.

D Мэндчилгээний хэлбэрүүд 일상에서의 인사말

Сайхан амарсан уу?
잘 쉬셨나요?

Өглөөний мэнд!
좋은 아침입니다!

Өдрийн мэнд!

좋은 하루 되십시오!

Оройн мэнд!

좋은 밤 되십시오!

Сайхан амраарай!

잘 쉬십시오!

Баяртай!

안녕히 계(가)세요!

Баяртай! Дараа уулзъя.

안녕히 계(가)세요! 다음에 뵙겠습니다.

Баяртай! Маргааш уулзъя.

안녕히 계(가)세요! 내일 뵙겠습니다.

본문설명

Бат: Сайн. Сайн байна уу?
바트: 안녕하세요?

Цэцэг: Сайн. Сайн уу?
체첵: 네. 안녕하세요?

"Сайн байна уу?" 와 "Сайн уу?" 라는 이 두 가지 문형은 의미상으로 다소 차이가 있다. Сайн байна уу? 는 초면인 경우 또는 어르신에게 존경을 담아 드리는 인사말인 반면 Сайн уу? 는 동년배 또는 손 아래 사람에게 건네는 친근감의 표현으로 주로 사용된다.

Бат: Сонин сайхан юутай байна вэ?
바트: 어떻게 지내시나요?

Цэцэг: Юмгүй дээ. Юутай байна?
체첵: 별 일 없습니다. 어떻게 지내시나요?

Бат: Юмгүй.
바트: 별 일 없습니다.

상기의 인사말은 오늘날 몽골 사람들에게 가장 많이 사용되는 안부의 표현이다. 일상에서 자주 만나는 친지 간 건네는 인사말이며 "Юу байна?, Юутай байна?" 도 보편적으로 쓰이는 표현들이다.

Цэцэг: Сайхан амарсан уу?
체첵: 잘 쉬셨나요?

Бат: Өглөөний мэнд!
바트: 좋은 아침입니다!

Бат: Өдрийн мэнд!
바트: 좋은 점심 되십시오!

Бат: Оройн мэнд!
바트: 좋은 밤 되십시오!

Цэцэг: Сайхан амраарай!
체첵: 잘 쉬십시오!

Бат: Баяртай!
바트: 안녕히 계(가)세요!

위의 인사말 외에도 아침, 점심, 저녁 등 해당 시간에 맞는 적절한 인사말을 익힐 필요성이 있다. 또한 저녁에 헤어질 때 건네는 표현으로서 "Сайхан амраарай!" 도 일상에서 많이 쓰임을 알 수 있다. 이외에도 계절별로 상대방에게 안부를 묻는 표현으로서, 봄에는 "Сайхан хаваржиж бай на уу?", 여름에는 "Сайхан зусч байна уу?", 겨울에는 "Сайхан намаржиж байна уу?" "Са йхан өвөлжиж байна уу?" 등의 다양한 인사말을 살필 수 있다.

문법

1 Асуух сул үг: УУ/ҮҮ, БЭ/ВЭ, ЮУ/ЮҮ

현대몽골어에 가장 보편적으로 쓰이는 의문 첨사에는 '**бэ/вэ, уу/үү, юу/юү**' 등 이 있다. 이 가운데 '**бэ/вэ**'는 의문대명사 "хэн, юу, хэзээ, хаана, ямар, аль" 가 있는 문장에서 사용된다.

'**БЭ**'는 н, м, в 자음으로 끝나는 단어 뒤에 쓰인다. 한편 '**ВЭ?**'는 н, м, в 이외의 자음 또는 단모음으로 끝나는 단어 뒤에 나온다.

Таны нэр хэн бэ?	당신의 이름은 무엇입니까?
Энэ хэний ном бэ?	이것은 누구의 책입니까?
Энэ юу вэ?	이것은 무엇입니까?
Таны нас хэд вэ?	당신은 몇 살입니까?

한편 '**уу/үү, юу/юү**' 는 의문대명사가 없는 문장에 사용된다. '**УУ/ҮҮ?**'는 자음이나 단모음으로 끝난 단어 뒤에, '**ЮУ/ЮҮ?**'는 장모음이나 이중모음으로 끝난 단어 뒤에 붙는다.

Сайн байна уу?	안녕하세요?
Чи ирэх үү, би очих уу?	네가 올래? 내가 갈까?
Өнөөдөр чи завтай юу?	오늘 시간 있습니까?
Энэ багшийн ширээ юү?	이것은 선생님의 책상입니까?

• 현대몽골어의 구어체에서는 간혹 청자의 의견 또는 입장을 확인 재촉하는 경우 의문대명사가 있는 문장이라도 'бэ/вэ'가 아닌 'уу/үү' 첨사를 빈번하게 사용한다.

Одоо хоёулаа **юу** хийх **үү**?	지금 둘이서 무엇을 할까요?
Маргааш **хаана** уулзах **уу**?	내일 어디서 만날까요?
Одоо чи **яах уу**?	지금 너 어떻게 할거야?

2 대명사- 지시대명사 (ЗААХ ТӨЛӨӨНИЙ ҮГ)

지시대명사는 사물이나 장소, 시간을 가리키는 대명사를 말한다. 현대 몽골어에서 사물을 지시하는 대명사로는 'энэ(이/이것)', 'тэр(그/그것)'이 있으며, 복수형으로는 'эдгээр', 'тэдгээр'이 있다. 'Энэ'과 'тэр'은 말하는 사람과 듣는 사람 앞에 있는 물건을 대신 가리키는 대명사로, 말하는 사람에 더 가까이 있는 물건은 'энэ(이/이것)'으로, 멀리 있는 물건을 'тэр(그/그것)'으로 말한다.

Энэ юу вэ?	이것이 무엇입니까?
Энэ ном.	이것은 책입니다.
Тэр таны ном уу?	그것은 당신 책입니까?
Тийм, **тэр** миний ном.	네, 그것은 내 책입니다.

	단수	복수
근칭	Энэ	Эдгээр
원칭	Тэр	Тэдгээр

- 한국어에는 말하는 사람과 듣는 사람 모두에게서 조금 떨어져 있는 물건을 가리킬 때 '저것'을 쓰는 데에 비해 몽골어에는 이 대명사가 없으며 'тэр(그/그것)'만 있다.
- 한편, 말하는 사람과 듣는 사람 앞에 있지 않아도 말하는 사람과 듣는 사람 모두가 알고 있는 것일 때 한국어의 경우 '그것'을 쓰는 것이 일반적이다. 하지만 몽골어에는 'нөгөө(그/거시기)'라는 대명사가 있다.

Чи **нөгөө** номоо авчирсан уу? 네가 그(저번에 이야기했던) 책을 가져왔어?

Энэ **нөгөө** амттай хоол мөн үү?

이것이 그(사람들이 유명하다고 하는) 맛있는 음식입니까?

3 긍정표현과 부정표현 1: ТИЙМ(그렇다), БИШ(아니오)

현대 몽골어의 긍정표현으로는 'Тийм(그렇다)'과 'За(네/예)'가 있다.

ТИЙМ

'Тийм'는 듣는 사람이 말하는 사람이 한 말에 대하여 긍정하는 뜻, 즉 '옳다, 맞다'의 뜻으로 쓰인다.

Та солонгос хүн үү?	한국 분이십니까?
Тийм, би солонгос хүн.	네, 저는 한국사람입니다.

현대몽골어에서는 부정의 표현으로 'Үгүй'와 'Биш' 등이 있다.

БИШ

Та япон хүн үү?	당신은 일본사람입니까?
Биш, би япон хүн **биш**.	아니요, 저는 일본사람이 아닙니다.
Энэ таны ном уу?	이것은 당신의 책입니까?
Биш, энэ миний ном **биш**.	아니요, 이것은 저의 책이 아닙니다.

듣기

1. Сайн байна уу?
   안녕하세요?

2. Сайн. Сайн байна уу?
   네. 안녕하세요?

3. Сонин сайхан юутай байна вэ?
   어떻게 지내십니까?

4. Юмгүй дээ. Юутай байна?
   별 일 없습니다. 어떻게 지내십니까?

5. Юмгүй.
   별 일 없습니다.

6. Сайхан амарсан уу?
   잘 쉬셨습니까?

7. Сайхан. Та сайхан амарсан уу?
   네. 당신 잘 쉬셨습니까?

8. Өглөөний мэнд!
   좋은 아침입니다!

9. Өдрийн мэнд!
   점심 잘 보내십시오!

10. Оройн мэнд!
    좋은 밤 되십시오!

11 Баяртай! Сайхан амраарай!

감사합니다! 잘 쉬십시오!

12 Баяртай! Дараа уулзъя.

감사합니다! 다음에 뵙겠습니다.

13 Энэ хэн бэ?

이 분은 누구입니까?

14 Энэ Миньсү.

이 분은 민수입니다.

15 Тэр хэн бэ?

저 분은 누구입니까?

16 Тэр Бат.

저 분은 바트 입니다.

17 Та багш уу?

당신은 선생님입니까?

18 Тийм, би багш.

네, 저는 선생님 입니다.

19 Энэ таны ном уу?

이것은 당신의 책입니까?

20 Биш, энэ миний ном биш.

아닙니다, 이것은 제 책이 아닙니다.

쓰기

1 잘 지내지요? (байна, юутай, сонин сайхан, вэ?)

2 당신은 잘 쉬셨나요? (сайхан, та, амарсан, уу?)

3 안녕히 가세요. 내일 뵙겠습니다. (уулзъя, баяртай, маргааш)

4 이것은 내 연필이 아니다. (биш, энэ, миний, харандаа)

5 당신은 누구입니까? (бэ, хэн, та)

연습

1

(өглөө) Өглөөний мэнд!
(아침) 좋은 아침입니다!

1 (өдөр) Өдрийн мэнд!
(낮) 좋은 하루를 보내십시오!

2 (орой) Оройн мэнд!
(저녁) 즐거운 저녁을 보내십시오!

2

(өвөл) Та сайхан өвөлжиж байна уу?
(겨울) 당신은 겨울을 잘 보내고 계십니까?

1 (хавар) Та сайхан хаваржиж байна уу?
(봄) 당신은 봄을 잘 보내고 계십니까?

2 (зун) Та сайхан зусч байна уу?
(여름) 당신은 여름을 잘 보내고 계십니까?

3 (намар) Та сайхан намаржиж байна уу?
(가을) 당신은 가을을 잘 보내고 계십니까?

회화테스트

1. Тэр хэн бэ?
   저 사람은 누구입니까?

2. Тэр Болд.
   저 사람은 볼드입니다.

3. Тэр оюутан уу?
   저 사람은 학생입니까?

4. Тийм, тэр оюутан.
   네, 사람은 학생입니다.

5. Энэ таны ном уу?
   이것은 당신의 책입니까?

6. Тийм, энэ миний ном.
   네, 이것은 제 책입니다.

7. Энэ таны үзэг үү?
   이것은 당신의 만년필입니까?

8. Үгүй, энэ миний үзэг биш.
   아니요, 이것은 제 만년필이 아닙니다.

9. Энэ түүний цүнх үү?
   이것은 저분의 가방입니까?

10. Биш, энэ түүний цүнх биш.
    아니요, 이것은 저분의 가방이 아닙니다

연습문제

문제 1 다음 대화에 알맞은 것을 고르세요.

A: Сайн байна уу?
Б: ________________________________

① Сайхан амраарай.
② Сайн сууж байгаарай.
③ Баяртай.
④ Сайн, сайн байна уу?

문제 2 다음 빈칸에 알맞은 것을 고르세요.

Сайн байна ___?

① вэ
② уу
③ юу
④ үү

제2과

Өөрийгөө болон гэр бүлээ танилцуулах

자기소개 및 가족소개

학습 목표

- 처음 만났을 때 자기소개 및 가족소개

어휘

солонгос	한국	гадаад хэл	외국어
их сургууль	대학교	монгол хэлний анги	몽골어과
нэр	이름	нас	나이
багш	선생	туслах багш	조교
найз	친구	аав	아버지
ээж	어머니	өвөө	할아버지
эмээ	할머니	эгч	누나/언니
ах	형/오빠	дүү	동생
эмч	의사	цэцэрлэг	유치원
олуулаа	여럿이/많다	хамт	함께/같이
зав	시간/여유	машин	자동차
дэвтэр	공책/노트	бал	볼펜
баллуур	지우개	ажиллах	일하다
сурах бичиг	교과서	малгай	모자

байшин	건물	ширээ	책상
ном	책	морь	말
самбарын алчуур	칠판 지우게	халбага	숟가락
дээл	델/몽골 전통 의상		

본문

Миний нэр Миньсү 제 이름은 민수입니다.

A Ким Миньсү 김민수

Би Солонгосын гадаад хэлний Их Сургуулийн Монгол хэлний ангийн оюутан. Миний нэр Ким Миньсү. Би 21 (хорин нэгэн) настай. Одоо хоёрдугаар ангийн оюутан. Манай анги 20 (хорин) оюутантай. Манай монгол хэлний тэнхим 1 (нэг) солонгос багш, 2 (хоёр) монгол багштай. Бас нэг туслах багш бий. Би олон сайн монгол найзтай. Энэ миний монгол найз. Миний найзын нэр Болд. Тэр 22 настай. Болд миний сайн найз.

저는 한국외국어대학교 몽골어과 학생입니다. 제 이름은 김민수 입니다. 저는 21살 입니다. 현재 2학년 입니다. 저희 학과에는 20명의 학생이 있습니다. 저희 몽골어 학과는 한 분의 한국인 교수님, 두 분의 몽골인 교수님이 계십니다. 그리고 한 분의 조교 선생님이 있습니다. 저에게는 좋은 몽골 친구들이 많이 있습니다. 이 사람은 제 몽골 친구입니다. 제 친구의 이름은 볼드입니다. 그는 22살 입니다. 볼드는 저의 좋은 친구입니다.

B Дорж 도르지

Миний аавыг Дорж гэдэг. Одоо тавин найман настай. Миний аав эмч. Харин миний ээжийг Жаргал гэдэг. Тэр тавин таван настай. Цэцэрлэгийн багш хийдэг. Би нэг эгч, нэг ахтай. Бас хоёр дүү бий. Манайх олуулаа. Манай ах гучин настай. Нэг компанид компьютерийн инженер хийдэг. Миний эгч хорин таван настай. Төгсөх ангийн оюутан. Манай дүү нар дунд сургуульд сурдаг. Бид бүгдээрээ хамтдаа амьдардаг.

제 아버지는 도르지라고 합니다. 현재 58세 입니다. 제 아버지는 의사입니다. 그리고 제 어머니는 자르갈이라고 합니다. 그녀는 55세 입니다. 유치원 선생님 입니다. 저는 한 명의 누나, 한 명의 형이 있습니다. 그리고 두 명의 동생이 있습니다. 우리가족은 대가족입니다. 제 형은 30살 입니다. 한 회사에서 컴퓨터 엔지니어로 일하고 있습니다. 제 누나는 25살 입니다. 졸업반 학생입니다. 제 동생들은 중학교에서 공부하고 있습니다. 저희는 모두 같이 살고 있습니다.

1. 단수인칭대명사가 공동격어미를 취할 때 다음과 같은 형태로 변형되는 것에 유의하십시오.

БИ → **НАДТАЙ**	БИД(ЭН) → БИДНИЙ
ЧИ → **ЧАМТАЙ**	
ТА → **ТАНТАЙ**	ТА НАР → ТА НАРЫН
ТЭР → **ТҮҮНТЭЙ**	ТЭД(ЭН) → ТЭДНИЙ

2. 수량을 나타내는 수사가 뒤에 나오는 명사를 수식해 줄 때 그 모습이 달라져 '숨은-н' 접미사를 취한다. 다른 수사와는 달리 'хоёр' 는 '숨은-н' 을 취하지 않고 그대로 사용한다.

Би 23 (хорин гурван) настай.	저는 23살입니다.
Надад 10.000 (арван мянган) төгрөг байна.	나에게 10,000 투그릭이 있습니다.
Манай ангид 12 (арван хоёр) оюутан сурдаг.	우리 반에는 12명의 학생이 공부합니다.

3. 차례를 나타내는 수사는 사물의 차례나 등급, 일의 순서를 나타낼 때 쓴다. 즉 사물이나 사람 사이의 서열 관계를 나타내 준다. 현대몽골어의 차례를 나타내는 수사는 일반적으로 수나 양을 나타내는 수사에 '-дугаар/-дүгээр'를 붙여 만든다.

нэгдүгээр 첫 번째	хоёрдугаар 두 번째	гуравдугаар 세 번째
дөрөвдүгээр 네 번째	тавдугаар 다섯 번째	зургаадугаар 여섯 번째
долдугаар 일곱 번째	наймдугаар 여덟 번째	есдүгээр 아홉 번째
аравдугаар 열 번째		

4. 몽골의 가족 호칭

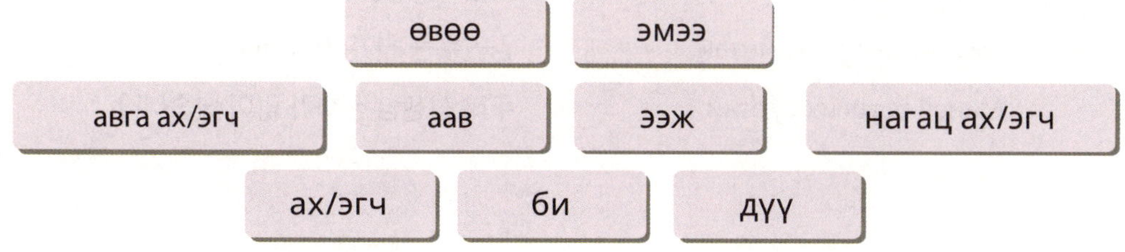

문법

1 속격 어미 (Харъяалахын тийн ялгалын нөхцөл): -ГИЙН -ЫН/-Ы/-ИЙН/-ИЙ/-Н

속격 어미는 명사와 명사 사이에 나타나 두 명사를 명사구로 묶어주면서 후행명사가 선행명사에 소속되는 또는 소유되는 관계에 있음을 나타내는 가능을 한다. 현대몽골어의 속격어미는 **'-ЫН/-Ы/-ИЙН/-ИЙ/-Н' 등의 6가지 이 형태를 가진다.**

Tip. 인칭대명사의 보충법
몽골어 인칭대명사의 속격 단수형은 주격과는 달리 어간의 모습이 복수형과 다른 부분이 있음을 유의하시기 바랍니다.

БИ → МИНИЙ	БИД(ЭН) → БИДНИЙ
ЧИ → ЧИНИЙ	
ТА → ТАНЫ	ТА НАР → ТА НАРЫН
ТЭР → ТҮҮНИЙ	ТЭД(ЭН) → ТЭДНИЙ

2 공동격 어미 – '소유'의 의미로 쓰이는 경우 (Хамтрахын тийн ялгал 1 - эзэмших утга): -ТАЙ/-ТЭЙ/-ТОЙ

현대몽골어의 공동격어미는 '공동'의 의미 이외에도 존재의 유무를 가리키는 '소유'의 의미를 나타내기도 한다. 이 어미는 한국어의 "N-을/를 가지고 있다", "N-이/가 있다" 라는 구조와 유사한 의미를 나타낸다.

Би 22 настай.	저는 22살입니다.
Ким Миньсү машинтай.	김민수는 차가 있습니다.
Манай багш их ууртай.	우리 선생님은 화가 많이 났습니다.

몽골어의 공동격 어미는 "-тай/-тэй/-той" 라고 하는 3가지의 이 형태를 갖는다. –тѳй 는 쓰이지 않는다. э, ү, и 등의 모음을 취한 어휘에 –тэй 를 연결한다.

• 'бий, байна' 동사는 주어가 존재함을 뜻하는 것 이외에는 무엇을 소유하고 있다는 뜻을 나타냄으로 '-тайз'와 같은 의미를 나타낸다. 이 경우 소유자는 여•처격어미를 취하는 것이 보통이다. 한편, 'бий, байна' 동사의 반의어는 'алга, байхгүй'이다.

Манай анги 15 оюутантай. 우리 반은 15명의 학생이 있습니다.

Манай ангид 15 оюутан бий/байдаг. 우리 반에 학생이 15명 있습니다.

Чи мѳнгѳтэй юу? 너 돈 있니?

Чамд мѳнгѳ байна уу? 너에게 돈이 있니?

3 반복상 어미 (ДАВТАН ҮЙЛДЭХ БАЙДАЛ): -ДАГ/-ДЭГ/-ДОГ/-ДѲГ

이 어미는 해당 행위가 현재 반복적으로 이루어지는 의미를 나타낸다. 현대몽골어에서 주로 어떤 행위가 과거의 일정한 시점부터 현재까지 반복적으로 지속적으로 행해지거나 이루어지는 것을 가리킨다.

1. 평서문: **동사 어간 + -даг⁴**

Би монгол хэл сурдаг. 나는 몽골어를 배우고 있다.

Болд ѳдѳр бүр сургууль руу явдаг. 볼드는 매일 학교에 갑니다.

2. 의문문: **동사 어간 + -даг⁴ уу²/вэ?**

Таны найз ямар сургуульд сурдаг вэ? 당신의 친구는 어느 학교에 다닙니까?

Танай ангид олон оюутан байдаг уу? 당신의 반에 학생들이 많이 있습니까?

3. 부정문: **동사 어간 + -даггүй[4].**

Би түүний нэрийг мэддэггүй. 저는 그의 이름을 모릅니다.

Манай гэр энд байдаггүй. 우리 집은 여기에 없습니다.

4. 부정 의문문: **동사 어간 + -даггүй[4]. юу/вэ?**

Чи энэ цуврал киног үздэггүй юу? 너는 드라마를 안보니?

Монгол хүн яагаад халуун ногоотой хоол иддэггүй вэ?

몽골사람은 왜 매운 음식을 먹지 못합니까?

4 몽골어의 수사(Тооны нэр)

수사는 수량이나 차례를 나타내는 말이다. 즉 수량을 세거나 순서를 나타낼 때 우리는 수사를 쓰게 된다. 현대몽골어의 수량을 나타내는 수사는 다음과 같다.

1: нэг	10: арав	11: арван нэг	12: арван хоёр ...
2: хоёр	20: хорь	21: хорин нэг	22: хорин хоёр ...
3: гурав	30: гуч	31: гучин нэг	32: гучин хоёр ...
4: дөрөв	40: дөч	41: дөчин нэг	42: дөчин хоёр ...
5: тав	50: тавь	51: тавин нэг	52: тавин хоёр ...
6: зургаа	60: жар	61: жаран нэг	62: жаран хоёр ...
7: долоо	70: дал	71: далан нэг	72: далан хоёр ...
8: найм	80: ная	81: наян нэг	82: наян хоёр ...
9: ес	90: ер	91: ерэн нэг	92: ерэн хоёр ...

100: зуу	200: хоёр зуу	300: гурван зуу	400: дөрвөн зуу ...
1,000: мянга			
10,000: арван мянга			
100,000: зуун мянга			
1,000,000: сая			
10,000,000: арван сая			
100,000,000: зуун сая			
1,000,000,000: тэрбум			

듣기

1 Чи хэдэн настай вэ?
너는 몇 살이니?

2 Би хорин нэгэн настай.
난 21살이야.

3 Чи монгол найзтай юу?
너는 몽골 친구 있니?

4 Тийм, Би монгол найзтай.
그래, 나 몽골 친구 있어.

5 Чиний монгол найзын нэр хэн бэ?
너의 몽골 친구 이름은 무엇이니?

6 Миний монгол найзын нэр Болд..
내 몽골친구의 이름은 벌드라고 해.

쓰기

1. 당신은 오늘 시간이 있습니까? (орой, өнөөдөр, та, юу, завтай)

2. 나는 부모님과 함께 삽니다. (би, хамт, аав ээжтэйгээ, амьдардаг)

3. 하루에 8시간 일합니다. (ажилладаг, цаг, нэг, найман, өдөрт)

4. 우리 형은 조그만 아이가 3명이 있습니다.
(хүүхэдтэй, гурван, манай, ах, жижиг)

5. 볼드의 형의 비단으로 만든 오래된 큰 델 2벌이 저기에 있습니다.
(Болдын, хоёр, ахын, дээл, торгон, хуучин, том, байна, тэнд)

연습

1

Энэ номын шүүгээ.
이것은 책상입니다

1. Энэ миний номын шүүгээ.
이것은 나의 책상입니다.

2. Энэ миний шинэ номын шүүгээ.
이것은 나의 새 책상입니다.

3. Энэ миний хоёр шинэ номын шүүгээ.
이것은 나의 2개의 새 책상입니다.

4. Энэ миний хоёр шинэ модон номын шүүгээ.
이것은 나의 나무로 만든 2개의 새 책상입니다

2

Ахын дээл тэнд байна.
형의 델이 저기에 있습니다.

1. Болдын ахын дээл тэнд байна.
볼드의 형의 델이 저기에 있습니다.

2. Болдын ахын хуучин дээл тэнд байна.
볼드의 형의 오래된 델이 저기에 있습니다.

3. Болдын ахын хуучин том дээл тэнд байна.
볼드의 형의 오래된 큰 델이 저기에 있습니다.

4. Болдын ахын хуучин том торгон дээл тэнд байна.
볼드의 형의 비단으로 만든 오래된 큰 델이 저기에 있습니다.

5. Болдын ахын хоёр хуучин том торгон дээл тэнд байна.
볼드의 형의 비단으로 만든 오래된 큰 델 2벌이 저기에 있습니다.

회화테스트

1. Таны нэр хэн бэ?
   당신 이름은 누구입니까?

2. Миний нэр Ким Миньсү.
   나의 이름은 김민수입니다.

3. Таны аав юу хийдэг вэ?
   당신 아버지는 무엇(어떤 일)을 하십니까?

4. Манай аав эмч.
   우리 아버지는 의사입니다.

5. Танайх олуулаа юу?
   당신 가족은 많습니까?

6. Би нэг эгч, нэг ах, хоёр дүүтэй.
   나는 누나 한 명, 형 한 명, 그리고 동생 두 명이 있습니다.

연습문제

문제 1 다음 대화에 알맞은 것을 고르세요.

А: Чиний эгч оюутан уу?
Б: ________________________________

① Үгүй, миний эгч оюутан.

② Тийм, миний эгч оюутан.

③ Үгүй, чиний эгч оюутан биш.

④ Тийм, миний эгч оюутан биш.

문제 2 다음 빈칸에 알맞은 것을 고르세요

아버지 – аав　　　어머니 – ээж
할아버지 – өвөө　　작은 아버지 – __________

① бага аав　　② ах

③ авга ах　　④ нагац ах

제3과

Би солонгосоос ирсэн

저는 한국에서 왔습니다.

학습 목표

• 국가 및 출신 고향 소개

어휘

ирэх	오다	сурах	배우다
үзэх	보다	авах	받다, 사다/ 구매하다
асуух	물어보다	алхах	걷다
очих	가다, 도착하다	гарах	나가다
номын дэлгүүр	서점	толь бичиг	사전
байнга	항상, 자주	оюутны байр	기숙사
хүйтэн	춥다	дулаахан	따뜻하다

본문

Би солонгосоос ирсэн 저는 한국에서 왔습니다.

A

Би солонгосоос ирсэн. Би монгол хэл сурахаар ирсэн. Би 2 жилийн өмнөөс монгол хэл үзсэн. Би солонгосоос ирэхийнхээ өмнө номын дэлгүүрээс "Монгол-Солонгос толь бичиг" авсан. Надад заримдаа мэдэхгүй үгээ тэр толь бичгээс байнга хардаг. Бас найзаасаа дандаа асуудаг.

저는 한국에서 왔습니다. 저는 몽골어를 배우러 왔습니다. 저는 2년 전부터 몽골어를 배웠습니다. 저는 한국에 오기 전에 서점에서 "몽-한 사전"을 구입하였습니다. 저는 때때로 모르는 단어를 사전에서 자주 찾습니다. 그리고 친구에게 자주 물어봅니다.

Манай оюутны байр сургуулиас тийм их хол биш. Би сургуульдаа голдуу алхаж очдог. Оюутны байрнаас сургууль хүртэл 15 минут алхдаг. Тийм болохоор би гэрээсээ 8 цаг хагаст гардаг.

제 기숙사는 학교에서 그렇게 많이 멀지 않습니다. 저는 학교에 주로 걸어 갑니다. 기숙사에서 학교까지 15분 걸어갑니다. 그렇기 때문에 저는 집에서 8시 반에 나옵니다.

B

Дорж: Та хаанаас ирсэн бэ?
도르지: 당신은 어디서 왔습니까?

Миньсү: Би солонгосоос ирсэн.
민수: 저는 한국에서 왔습니다.

Дорж: Та хэзээнээс монгол хэл сурсан бэ?
도르지: 당신은 언제부터 몽골어를 배웠습니까?

Миньсү: Би хоёр жилийн өмнөөс монгол хэл сурч эхлэсэн.
민수: 저는 2년 전부터 몽골어를 배우기 시작했습니다.

Дорж: Солонгос монголоос хүйтэн үү?
도르지: 한국은 몽골보다 춥습니까?

Миньсү: Үгүй, солонгос монголоос дулаахан.
민수: 아니요, 한국은 몽골보다 따뜻합니다.

본문설명

1. 인칭대명사의 탈격형

БИ → **НАДААС** БИД(ЭН) → БИДНЭЭС

ЧИ → **ЧАМААС**

ТА → ТАНААС ТА НАР → ТА НАРААС

ТЭР → **ТҮҮНЭЭС** ТЭД(ЭН) → ТЭДНЭЭС

2. 진행상 대등연결어미: -Ж/-Ч БАЙ-.

현대몽골어에서는 '-ж/-ч бай-'가 진행상을 나타낸다. 즉, 어떤 행위가 발화시와 동시에 이루어지며 진행하고 있음을 나타낸다. 진행상어미인 '-ж/-ч бай-'에 비과거시제어미 '-на'가 붙이면 현재 진행의 상적 의미를 나타내게 된다.

Би ном уншиж байна.

저는 책을 읽고 있습니다.

Миний дүү одоо компьютер дээр сууж байна.

내 동생은 지금 컴퓨터 앞에 앉아 있다. (내 동생은 지금 컴퓨터 하고 있다)

Тэр юу хийж байна вэ?

그는 무엇을 하고 있습니까?

3. 몽골어의 의문대명사로는: хэн? юу? ямар? аль? хэд(хэдэн?) хичнээн? хэзээ? хаана? хэр? хэрхэн? яаж? яагаад? 등의 다양한 의문대명사가 존재한다. 이들 가운데 хэн? 은 사람을; юу? 는 동물과 사물을; хэд? хичнээн? 은 수량과 차례를; аль?, ямар? 는 특성을; хаана? хэзээ? 는 공간과 시간을; яах?, хэрхэн? 는 행위의 과정을; яагаад? 는 이유의 의미를 제각각 나타낸다.

4. 목적 연결어미 '-хаар' 는 주로 어떤 행위에 관한 동사의 목적을 나타내지만 '-х гэж бай-' 는 일반적으로 동사의 의도와 목적을 나타낸다. 어떤 경우에는 곧 일어날 움직임이나 상태의 변화를 나타낸다.

Би дараа жил монгол хэл сурахаар Улаанбаатарт очих гэж байна.

저는 내년에 몽골어를 배우러 울란바타르에 들어갈 것입니다.

Би яг гарах гэж байсан юм.

나는 지금 나가려고 했다.

Гадаа бороо орох гэж байна.

밖에 비가 오려고 합니다.

문법

1 탈격 어미 (Гарахын ялгалын нөхцөл): -ААС/-ЭЭС/-ООС/-ӨӨС

1. 어떤 행위나 상태의 출발점이나 시작점임을 나타낸다.

Тэр **солонгосоос** ирсэн.

그는 한국에서 왔습니다.

Улаанбаатараас Тэрэлж хүртэл 2 цаг явдаг.

울란바타르에서 테를지까지 2시간 걸립니다.

2. 어떤 동작이나 상태가 시작되는 시점을 나타낸다. 이 경우 뒤에 'хүртэл'이라는 후치사와 결합되어 짝을 이루기도 한다.

Хичээл **өнөөдрөөс** эхлэнэ.

수업이 오늘부터 시작됩니다.

Өглөөнөөс орой хүртэл сургуульд дээр байсан.

아침부터 저녁까지 학교에 있었습니다.

3. 사람과 사물의 일부를 나타내는데 쓰인다.

Манай ангийн **оюутнуудаас** хоёр нь байхгүй байна.

우리 반 학생들 중에서 2명이 없습니다.

Арваас тавыг хас. 10에서 5를 빼라.

4. 비교의 기준이 될 수 있다.

Сүүнээс цагаан 우유보다 흰

Үүнээс илүү муу зүйл гэж үгүй. 이보다 더 나쁜 것은 없다.

5. 보조동사 'бол-' 와 결합하여 모든 일의 원인 또는 이유를 가리키며, 이 경우 대개 결과의 부정적 의미를 나타낸다. 한국어의 '명사 + -때문에' 라는 형태에 대응된다.

Бид **бороонoос** болоод очиж чадсангүй. 우리는 비 때문에 들어갈 수 없었다.

Тэр **чамаас** болж уурласан. 그는 너 때문에 화가 났다.

2 과거종결어미(Өнгөрсөн цагаар төгсгөх нөхцөл): -САН/-СЭН/-СОН/-СӨН

동사의 어간에 -сан/-сэн/-сон/-сөн어미를 모음조화 규칙에 따라 연결하여 과거시제를 나타낸다. 이 형태는 구어체에 많이 쓰이며, 문장을 종결 짓는 서술어로 다음과 같이 다양한 모습으로 쓰인다.

1. 평서문: **Үйл үг + -сан⁴.**

Би өчигдөр ирсэн. 저는 어제 왔습니다.

Миний найз монгол явсан. 나의 친구는 몽골에 갔습니다.

2. 의문문: **Үйл үг + -сан⁴ уу²/бэ?**

Та хөдөө яваад ирсэн үү? 당신은 시골에 갔다 왔습니까?

Энэ номыг хаанаас авсан бэ? 이 책을 어디서 샀습니까?

3. 부정문: **Үйл үг + -сангүй⁴. / Үйл үг + -аагүй⁴.**

Би түүнд мэйл явуулсангүй. 나는 그에게 메일을 못 보냈다.

Би түүнд мэйл явуулаагүй. 나는 그에게 메일을 안 보냈다.

4. 부정의문문: **Үйл үг + -сангүй⁴ юу²?. / Үйл үг + -аагүй⁴ юу²?**

Өчигдөр чи түүнтэй уулзсангүй юу?	어제 너는 그와 못 만났니?
Өчигдөр чи түүнтэй уулзаагүй юу?	어제 너는 그와 안 만났니?

3 목적연결어미 (Зорин холбох нөхцөл): -ХААР/-ХЭЭР/-ХООР/-ХӨӨР

목적연결어미(зорин холбох нөхцөл) '-хаар⁴'는 해당 어미를 갖는 선행동사의 의도나 목적으로 인해 후행동사의 동작이 발생한다는 의미를 갖는다. 즉 이 어미로 연결된 선행동사는 후행동사 동작의 의도나 목적을 나타낸다. 'явах, очих' 등의 동사와 함께 이동하는 동작에 앞서 이동하는 목적을 나타낸다.

Би найзтайгаа уулзахаар сургууль явав.	나는 친구를 만나러 학교에 갔다.
Бид нар монгол хэл сурахаар ирсэн.	우리는 몽골어를 배우러 왔습니다.

'бол-' 동사와 함께 쓰여 어떤 행위를 할 것을 결정·결심하거나 약속함을 나타낸다. 이 경우 'бол-' 동사가 'болсон, болов, болжээ, боллоо'처럼 과거시제어미를 취하는 것이 일반적이다.

Бид маргааш явахаар болсон.	우리는 내일 가기로 하였다.
Үүнийг би өөрөө хийхээр боллоо.	이것을 내 자신이 하기로 하였다.

4 Дайвар үг 1: 빈도부사

어떤 상황이 발생하는 정도를 나타내는 부사를 '빈도부사'라고 한다. 현대몽골어의 빈도부사는 다음과 같다.

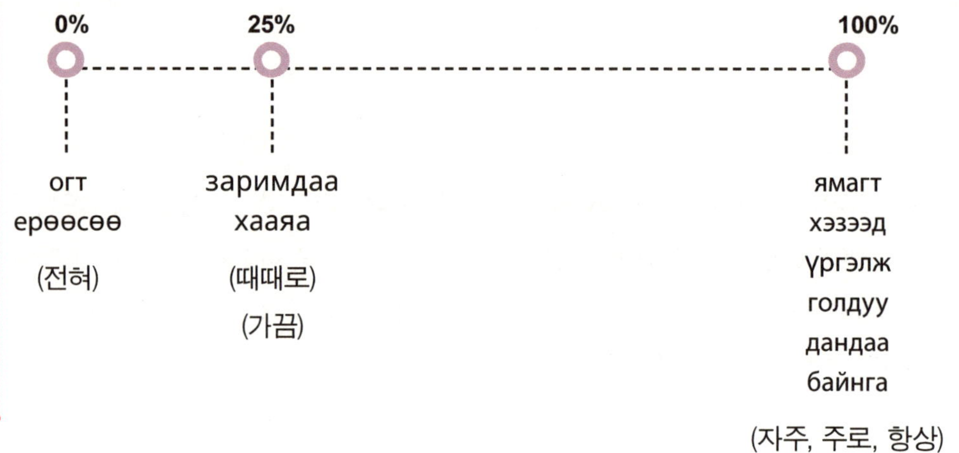

(자주, 주로, 항상)

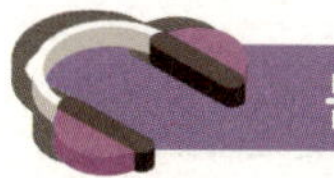

듣기

1. Та хаанаас ирсэн бэ?
   당신은 어디에서 왔습니까?

2. Би солонгосоос ирсэн.
   저는 한국에서 왔습니다.

3. Та яах гэж монголд ирсэн бэ?
   당신은 무슨 일로 몽골에 왔습니까?

4. Би монгол хэл сурахаар монголд ирсэн.
   저는 몽골어를 배우러 몽골에 왔습니다.

5. Та гэрээсээ дандаа алхаж ирдэг үү?
   당신은 집에서 자주 걸어서 오곤 합니까?

6. Үгүй, би хааяа таксинд сууж ирдэг.
   아니요, 저는 가끔 택시를 타고 옵니다

쓰기

1. 모르는 단어를 사전에서 찾아봅니다.
(үгээ, толь бичиг, мэдэхгүй, хардаг)

2. 우리 집에서 학교까지 멀지 않습니다.
(биш, хол, манай, гэрээс, сургууль, хүртэл)

3. 나는 아침 8시부터 12시까지 몽골어를 배우고 있습니다.
(8 цагаас, өглөө, би, 12 цаг хүртэл, заалгаж байна, монгол хэл)

4. 오늘은 어제보다 따뜻합니다. (байна, дулаахан, өнөөдөр, өчигдрөөс)

5. 나는 가끔 친구와 함께 공부하려고 만납니다.
(хааяа, би, найзтайгаа хамт, уулздаг, хийхээр, хичээл)

연습

1

Та хаанаас ирсэн бэ?
당신은 어디에서 왔습니까

1 (гэрээсээ) Та гэрээсээ алхаж ирсэн үү?
당신은 집에서 걸어서 왔습니까?

2 (дандаа, -даг[4]) Та гэрээсээ дандаа алхаж ирдэг үү?
당신은 집에서 항상 걸어옵니까?

3 (өдөр бүр, -даг[4]) Та гэрээсээ өдөр бүр алхаж ирдэг үү?
당신은 집에서 매일 걸어옵니까?

2

Би гэрээсээ гарсан.
나는 집에서 나갔습니다.

1 (уулзахаар) Би найзтайгаа уулзахаар гэрээсээ гарсан.
나는 친구를 만나러 집에서 나갔습니다.

2 (хааяа, -даг[4]) Би хааяа найзтайгаа уулзахаар гардаг.
나는 가끔 친구를 만나러 집에서 나갑니다.

3

Болд өндөр.
볼드가 키가 큽니다.

1 (надаас) Болд надаас өндөр.
볼드가 나보다 키가 큽니다.

2 (өндөр биш) Болд надаас их өндөр биш.
볼드가 나보다 키가 그렇게 크지 않습니다.

3 (намхан биш) Болд надаас намхан биш.
볼드는 나보다 키가 작지 않습니다.

회화테스트

❶ **Танаас юм асууж болох уу?**
당신한테 뭐 좀 물어봐도 됩니까?

❷ **Та надаас юу асуух гэж байна вэ?**
당신은 나한테서 무엇을 물어보려고 합니까?

❸ **Та хэдэн сараас хойш монголд амьдарч байна вэ?**
당신은 몇 월부터 몽골에서 살고 있습니까?

❹ **Би өнгөрсөн 3 сараас хойш амьдарч байна.**
나는 지난 3월부터 살고 있습니다.

❺ **Та энд юу хийж байна вэ?**
당신은 여기서 무엇을 하고 있습니까?

❻ **Би монгол хэл сурахаар ирсэн.**
나는 몽골어를 배우러 왔습니다.

연습문제

문제 1 다음 대화에 알맞은 것을 고르세요.

А: Та (   ) ирсэн бэ?
Б: Би солонгосоос ирсэн.

① хаана ② хаанаас
③ хэзээ ④ ямар

문제 2 다음 빈칸에 알맞은 것을 고르세요.

Өчигдөр найз-(   ) захиа ирсэн.

① -тай ② -ийн
③ -бэ/вэ ④ -аас

제4과

Оюутны байр

기숙사

학습 목표

• 외국인 유학생의 학교생활 소개

어휘

босох	일어나다	нүүр гараа угаах	세수를 하다
цайгаа уух	(아침/점심) 밥을 먹다	хичээл тарах	수업이 끝나다
гэрийн даалгавар	숙제	хичээлээ давтах	복습하다
Нэгдэх өдөр	Даваа гариг		월요일
Хоёрдахь өдөр	Мягмар гариг		화요일
Гуравдахь өдөр	Лхагва гариг		수요일
Дөрөвдэх өдөр	Пүрэв гариг		목요일
Тавдахь өдөр	Баасан гариг		금요일
Хагас сайн өдөр	Бямба гариг		토요일
Бүтэн сайн өдөр	Ням гариг		일요일
Хагас бүтэн сайн өдөр			주말

본문

Би оюутны байранд амьдардаг
저는 학생 기숙사에서 살고 있습니다

Би өглөө 7 цагт босдог. Тэгээд нүүр гараа угааж, өглөөний цайгаа уугаад хичээлдээ явдаг. Би өглөөний цайгаа өөрөө бэлддэг.

저는 아침 7시에 일어납니다. 그리고 세면을 하고, 아침을 먹고 수업에 갑니다. 저는 아침을 스스로 차립니다.

Манай хичээл өглөө 9 цагт эхэлдэг. Би өдөр бүр 4 юм уу 5 цагийн хичээлтэй байдаг. Зөвхөн дөрөвдэх өдөр 2 цагийн хичээлтэй байдаг.

제 수업은 아침 9시에 시작합니다. 저는 매일 4시간 혹은 5시간의 수업이 있습니다. 단지 목요일에만 2시간의 수업이 있습니다.

Би өдрийнхөө цайг сургууль дээрээ юмуу, сургуулийн ойролцоо гуанзанд иддэг. Яагаад гэвэл, манай хичээл үдээс хойно 3 цагт тардаг. Би хичээлээ тараад гэртээ ирдэг. Гэртээ ирээд гэрийн даалгавраа хийж, хичээлээ давтдаг.

저는 점심을 학교에서 혹은 학교 근처 식당에서 먹습니다. 왜냐하면, 제 수업이 오후 3시에 끝나기 때문입니다. 저는 수업이 끝나고 집에 옵니다. 집에 와서 숙제를 하고, 복습합니다.

Би оройны хоолоо 7 цагт иддэг. Хоолоо оюутны байрандаа ганцаараа юмуу, найз нартайгаа нийлж хийдэг. Хоолоо идээд аяга тавгаа угааж, гал тогоогоо цэвэрлэдэг.

저는 저녁을 7시에 먹습니다. 밥을 학생 기숙사에서 혼자 혹은, 친구들과 함께 합니다. 밥을 먹고 식기를 세척하고, 부엌을 정리합니다.

Түүний дараа телевиз үзэх юмуу, найз нартайгаа уулзаж ярилцдаг. Манай байранд гадаадын олон оюутан байдаг болохоор их хөгжилтэй байдаг. Бид хоорондоо монголоор ярьдаг. Орой би 11 цагт унтдаг.

그 다음에 TV를 보거나, 친구들과 만나서 수다를 떱니다. 제 건물에는 외국인 유학생들이 많이 있어서 재미가 있습니다. 우리는 서로 몽골어로 이야기 합니다. 저는 밤 11시에 취침합니다.

본문설명

1. 인칭대명사의 보충법: 여위격

БИ → **НАДАД**	БИД(ЭН) → БИДЭНД
ЧИ → **ЧАМ**	
ТА → **ТАНД**	ТА НАР → ТА НАРТ
ТЭР → **ТҮҮНД**	ТЭД(ЭН) → ТЭДЭНД

2. 요일

월요일	Нэгдэх өдөр	Даваа гариг
화요일	Хоёрдахь өдөр	Мягмар гариг
수요일	Гуравдахь өдөр	Лхагва гариг
목요일	Дөрөвдэх өдөр	Пүрэв гариг
금요일	Тавдахь өдөр	Баасан гариг
토요일	Хагас сайн өдөр	Бямба гариг
일요일	(Бүтэн) сайн өдөр	Ням гариг

3. 연결사: ЮМУУ(또는)

이 형태는 나열이나 선택의 뜻을 나타낸다. "N1 юмуу, N2" 의 형태로 구성되며 양쪽의 어느 하나를 선택함을 나타낸다.

Би өдөрт 5 цаг юм уу, 6 цаг унтдаг. 나는 하루에 5시간이나 6시간 잔다.

Өглөө босоод би талх юм уу, өндөг иддэг.

아침에 일어나서 빵을 먹거나 계란을 먹는다.

"V + -х юмуу, V"와 같은 구성으로 쓰이는 경우 앞의 것이나 뒤의 것 중 어느 하나를 선택함을 나타낸다.

Хичээлээ тараад найзтайгаа уулзахаар явах юмуу, номын сан ордог.

수업 끝나고 친구를 만나러 가거나 도서관에 간다.

Би орой гэртээ ном унших юмуу, телевиз үздэг.

저는 저녁에 집에서 책을 읽거나 TV를 봅니다.

V1 + -х юмуу V1 + -хгүй юм уу

V1 + -сан^4 юмуу V1 + аагүй юм уу

V1 + -даг^4 юмуу V1 + -даггүй^4 юм уу

형동사형어(관형형어미) '-х/-сан^4/-даг^4'를 취한 동사에 붙어 추측하는 의미를 나타낸다. 이 때 뒤에 'мэдэхгүй' 동사가 쓰이는 것이 보통이다.

Тэр ирэх юмуу, ирэхгүй юм мэдэхгүй. 그가 올지 안 올지 모른다.

Монголоор сайн ярьж чаддаг юмуу, чаддаггүй юмуу мэдэхгүй.

몽골어를 잘하는지 못하는지 모른다

문법

1 여·처격어미 (ӨГӨХ, ОРШИХЫН ТИЙН ЯЛГАЛ): -Д/-Т

현대몽골어의 여·처격은 동작 및 행위가 행해지는 장소나 위치를 나타내기도 하고 행위의 진행 방향이나 목적지 또는 시간이나 때 등의 다양한 의미를 나타내기도 한다.

1. 장소나 위치를 나타내는 명사에 접속하여 사람의 존재나 사물이 위치하는 곳을 나타낸다.

Би их сургуульд сурдаг.	저는 대학교에 다닙니다.
Би Улаанбаатарт төрсөн.	저는 울란바타르에서 태어났습니다.

2. 시간을 나타내는 말에 붙어 어떤 동작이나 행위가 일어나는 시간이나 때를 나타낸다.

Би өглөө 6 цагт босдог.	저는 아침 6시에 일어납니다.
Дээр үед энэ будааны талбай байсан.	옛날에 이곳은 논이었다.

3. 'явах, очих, ирэх' 등의 동사와 함께 쓰여 행위의 진행 방향이나 목적지를 나타낸다.

Болд сургуульдаа явжээ.	볼드는 학교에 갔습니다.
Ким Миньсү энэ жил цэрэгт явсан.	김민수는 올해 군대에 갔습니다.

4. 어떤 상황이나 사태의 원인을 나타낸다.

Энэ мод цахилгаанд цохиулжээ.	이 나무는 번개에 의해 쓰러졌다.
Манай дээвэр салхинд хуулaрсан.	우리 집 지붕이 바람에 의해 떨어졌다.

5. 어떤 행위의 영향을 받는 대상임을 나타낸다.

Ажлынхаа тухай даргад танилцуулъя.	업무에 대해 사장님에게 보고하겠습니다.
Энэ номыг чамд илгээжээ.	이 책을 너에게 보냈다.

2 병렬연결어미 (ЗЭРЭГЦҮҮЛЭН ХОЛБОХ НӨХЦӨЛ): -Ж/-Ч

현대몽골어의 병렬연결어미 '-ж/-ч'는 일반적으로 이어진 문장과의 관계에서 앞뒤의 문장을 같은 무게로 대등하게 연결해 주는 가능을 갖는다. 즉, 이와 같은 연결어미를 통해 비슷한 성격의 여러 문장들을 나열할 수 있다.

Аав цай уу**ж**, ээж хоол хийж байна.
아버지는 차를 마시고, 어머니는 음식을 하고 있습니다.
Ах ном унши**ж**, эгч радио сонсож, дүү зурагт үзэж байна.
형은 책을 읽고, 누나는 라디오를 듣고, 동생은 TV를 보고 있다.

한편, 이 어미는 시간적으로 앞 문장의 행위가 먼저 일어난 후 뒤 문장의 행위가 일어나는 문장을 이어 줄 때 쓸 수 있다. 즉, 두 문장을 '순서'의 의미로 연결하는 기능을 갖는 것이다. 이런 면에서 선행연결어미 '-аад[4]'과 유사하다.

Аав дээлээ өмсө**ж** гадаа гарав. 아버지는 델을 입고 밖에 나갔다.
Гар нүүрээ угаа**ж**, өглөөний цайгаа уулаа.
손과 얼굴을 씻고 아침을 먹었다.

또한 이 어미는 앞 문장의 행위가 뒤 문장의 원인이 될 때 쓰인다.

Сайхан хоол үнэртэж, өлсөглөн ходоодыг гижигдэв.
음식 냄새가 좋아서 배가 많이 고팠다.
Болд багшийнхаа нүдний харцнаас айж, хэлэх үгээ мартаж орхив.
볼드는 선생님의 눈빛이 무서워서 할 말을 잊어버렸다.

'-ж/-ч' нөхцөл нь 'бай-' туслах үйлтэй нийлж 동사구를 이루며 이 때 진행의 상적 의미를 나타낸다

Одоо би хичээлээ давтаж байна.　　지금 나는 복습하고 있다.

Аав цай ууж, ээж хоол хийж байна.

아버지는 차를 들고, 어머니는 음식을 만들고 계신다.

3 선행연결어미 (УРЬДЧИЛАН ХОЛБОХ НӨХЦӨЛ): -ААД/-ЭЭД/-ООД/-ӨӨД

선행연결어미 -аад[4]는 앞 문장과 뒷문장을 동작의 '순서'의 의미로 이어 주는 연결어미이며 시간적으로 선행절의 행위가 후행절의 행위보다 먼저 일어나는 의미적 관계를 나타낼 때 쓴다. 즉, 이 어미는 앞의 내용과 뒤의 내용이 시간적으로 차례대로 일어난 것임을 말해 준다.

Би 7 цагт бос**оод** сургуульдаа явдаг.

저는 7시에 일어나서 학교에 갑니다.

Бат их сургууль төгс**өөд** Сөүлд ирсэн.

바트는 대학교를 졸업하고 서울에 왔습니다.

이 어미는 앞 문장이 뒤 문장의 이유나 원인이 되고 뒤 문장은 그로 인한 결과나 결과와 관련된 내용이 될 때 쓰인다.

Тэр баярласандаа бол**оод** юу хэлэхээ ч мэдэхгүй байв.

그는 너무 기뻐서 무슨 말을 해야 할 지 몰랐다.

Би замаараа дэлгүүр ор**оод** оройтлоо.

나는 가는 길에 가게에 들르는 바람에 늦었다.

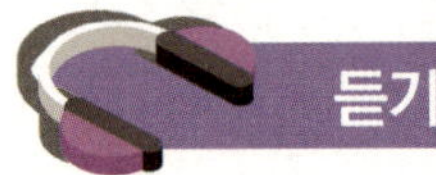

듣기

1. Та өглөө хэдэн цагт босдог вэ?
   당신은 아침 몇 시에 기상합니까?

2. Би өглөө 6 цагт босдог.
   저는 아침 6시에 기상합니다.

3. Та хаана амьдардаг вэ?
   당신은 어디에 삽니까?

4. Би оюутны байранд амьдардаг.
   저는 학생 기숙사에 삽니다.

5. Танай байранд гадаадын оюутан олон байдаг уу?
   당신 기숙사에 외국인 학생들이 많이 있습니까?

6. Тийм, манай байранд гадаадын оюутан олон байдаг.
   네, 저희 기숙사에는 외국인 학생들이 많이 있습니다.

쓰기

1. 나는 아침에 일어나서 세수를 하고 아침을 먹습니다.
(өглөө, цайгаа, уудаг, би, гар нүүрээ, босоод, угааж, өглөөний)

2. 집에 와서 숙제를 합니다. (хийдэг, гэртээ, ирээд, даалгавраа)

3. 저녁에 텔레비전을 보거나 친구랑 이야기합니다.
(үзэх юмуу, орой, ярьдаг, найзтайгаа, телевиз)

4. 주말에 집에서 쉬거나 밖에 나갑니다.
(гадуур явдаг, гэртээ, хагас бүтэн сайнд, гэртээ, амрах)

5. 오늘은 무슨 요일입니까? (өнөөдөр, өдөр, хэддэх, вэ)

연습

1

Би өглөө 6 цагт босдог.

나는 아침에 6시에 일어납니다.

1 (-аад^4)

Би өглөө босоод гар нүүрээ угаадаг.

나는 아침에 일어나서 세수를 합니다.

2 (-ж/ч)

Би өглөө босоод гар нүүрээ угааж, өглөөний цайгаа уудаг.

나는 아침에 일어나서 세수를 하고 아침을 먹습니다.

2

Өнөөдөр дөрөвдэх өдөр.

오늘은 목요일입니다.

1 (тавдахь өдөр)

Маргааш тавдахь өдөр.

내일은 금요일입니다.

2 (хагас бүтэн сайн өдөр)

Түүний дараа хагас бүтэн сайн өдөр болно.

그 다음은 주말입니다.

3

Би ном уншдаг.

나는 책을 읽습니다.

1 (юмуу)

Би ном унших юмуу, интернэт дээр суудаг.

나는 책을 읽거나 인터넷을 합니다.

2 (хагас бүтэн сайн өдөр)

Би хагас бүтэн сайн өдөр ном унших юмуу, интернэт дээр суудаг.

나는 주말에 책을 읽거나 인터넷을 합니다.

회화테스트

1. Өнөөдөр хэддэх өдөр вэ?
   오늘은 무슨 요일입니까?

2. Өнөөдөр тавдахь өдөр.
   오늘은 금요일입니다.

3. Та хагас бүтэн сайнд юу хийх вэ?
   당신은 주말에 무엇을 합니까?

4. Би найзтайгаа уулзана.
   나는 친구를 만납니다.

5. Танай найз хаана амьдардаг вэ?
   당신 친구는 어디에(서) 삽니까?

6. Манай найз оюутны байранд амьдардаг.
   우리 친구는 기숙사에 삽니다.

연습문제

문제 1 다음 대화에 알맞은 것을 고르세요.

А: Улаанбаатарт амьдарч байна уу?
Б: ______________________________

① Тийм, Улаанбаатарт амьдарч байна.

② Тийм, Улаанбаатарт байхгүй.

③ Үгүй, Улаанбаатар.

④ Үгүй, Улаанбаатар явсан.

문제 2 다음 빈칸에 알맞은 것을 고르세요.

Гуанз хэдэн (　　) байдаг вэ?

① давхарт　　② удаа

③ хүн　　④ хоол

제5과

Хобби

취미

학습 목표

• 다양한 개인 취미 소개

어휘

хобби	취미	асуух	물어보다
хариулах	대답하다	морь унах	말을 타다
усанд сэлэх	수영하다	цэвэр агаар	맑은 공기
байгалийн үзэсгэлэн	경치	хөдөө явах	시골에 가다
аялал	여행	дуртай	좋아하다
хоол	음식	аялал	여행
хөдөө	시골	дуртай	좋아하다
дургүй	싫어하다	хайртай	사랑하다
хайргүй	사랑하지 않다		

본문

Би морь унах дуртай 저는 말을 타는 것을 좋아합니다

A

Бусад хүмүүс чиний хоббиг асуувал чи юу гэж хариулах вэ? Харин би морь унах гэж хариулна.

다른 사람들이 너의 취미를 물어보면 너는 뭐라고 대답하니? 나는 말타기 라고 대답할거야.

Монголд ирсэнийхээ дараа нэг өдөр би найз нартайгаа Тэрэлжид очиж морь унахаар болов. Тэрэлж бол Улаанбаатараас холгүй байдаг амралтын газар юм. Тэнд цэвэр агаар амьсгалж, байгалийн үзэсгэлэнг харж болохоос гадна монгол морь унаж болно. Цэвэр агаарт морь унах үнэхээр сайхан.

몽골에 온 후 하루는 난 친구들과 테렐지에 가서 말을 타게 되었어. 테렐지는 울란바타르에서 멀지 않은 곳에 위치해 있는 휴양지야. 거기서 맑은 공기를 마시고, 자연경관을 볼 수 있을 뿐 아니라 몽골 말을 탈 수 있어. 맑은 공기와 함께 말을 타는 것은 정말 좋아.

Харин би солонгост байхдаа усанд сэлэх дуртай байсан. Намайг бага байхад манай гэр далайгаас холгүй жижиг хотод байдаг байсан. Би бага байхдаа өдөр бүр далай дээр очиж усанд сэлдэг байв.

근데 난 한국에 있을 때 수영하는 것을 좋아했어. 내가 어렸을 적에 우리 집은 바다에서 멀지 않은 작은 도시에 있었어. 나는 어릴 때 매일 바다에 가서 수영하곤 했어.

Би өөрийнхөө хоббиг солонгост байхдаа усанд сэлэх, харин монголд байхдаа морь унах гэж хариулна.

나의 취미는 한국에 있을 때에는 수영하기, 하지만 몽골에 있을 때에는 말타기라고 대답 할거야.

B

Дорж: Та морь унах дуртай юу?
도르지: 당신은 말 타는 것을 좋아합니까?

Цэцэг: Тийм, Би морь унах дуртай.
체첵: 네, 저는 말 타는 것을 좋아합니다.

Дорж: Та хөдөө явах дуртай юу?
도르지: 당신은 시골 가는 것을 좋아합니까?

Цэцэг: Үгүй, би хөдөө явах дургүй.
체첵: 아니요, 저는 시골 가는 것을 좋아하지 않습니다.

Дорж: Та монгол хоолонд дуртай юу?
도르지: 당신은 몽골음식을 좋아합니까?

Цэцэг: Тийм, Би монгол хоолонд дуртай.
체첵: 네, 저는 몽골 음식을 좋아합니다.

Дорж: Та аялалд дуртай юу?
도르지: 당신은 여행을 좋아합니까?

Цэцэг: Үгүй, би аялалд дургүй.
체첵: 아니요, 저는 여행을 좋아하지 않습니다.

본문설명

1. 인칭대명사의 보충법: 대격(목적격)

БИ → **НАМАЙГ**	БИД(ЭН) → БИДИЙГ
ЧИ → **ЧАМАЙГ**	
ТА → ТАНЫГ	ТА НАР → ТА НАРЫГ
ТЭР → **ТҮҮНИЙГ**	ТЭД(ЭН) → ТЭДНИЙГ

2. 몽골어의 통사론적인 특징 중 하나는 복합문에서 부사절 서술어가 자동사일 경우 주어는 대격어미를 취한다는 것이다.

Батыг ирвэл надад хэлээрэй. 바트가 오면 나에게 말해라.

Намайг ирэхэд тэр байхгүй байсан. 내가 왔을 때 그는 없었다.

Чамайг явахыг мэдсэнгүй. 네가 갈 것을 몰랐다.

3. 몽골어의 또 다른 통사론적 특징 중 하나는 "дуртай/дургүй", "хайртай/хайргүй"와 같은 술어를 취한 아래의 문장에서 보듯이 우리말에서는 대격의 지배를 받는 일부 표현이 몽골어에서는 여처격의 지배를 받는 경우가 이따금 나타난다.

Та монгол **хоолонд** дуртай юу? 당신은 몽골음식을 좋아하나요?

Та **түүнд** хайртай юу? 당신은 그를 사랑하나요?

문법

1 대격어미 (Заахын тийн ялгалын нөхцөл): -ИЙГ/-ЫГ/-Г

현대몽골어에서 대격어미는 '-ийг/-ыг/-г' 등이 있다. 대격어미란 아래와 같이 그 어미가 붙은 말이 문장 안에서 목적어의 기능을 하고 있음을 나타내는 조사이다. 따라서 이 조사들을 목적격어미라고 한다.

Чи миний **үзгийг** авсан уу? 너는 내 펜을 가져갔니?

Би энэ **номыг** уншсан. 저는 이 책을 읽었습니다.

위에서 볼 수 있듯이 '-ийг/-ыг/-г'이 붙은 'үзэг', 'ном', 'өрөө'는 각각의 문장에서 목적어가 된다.

- 대격어미 표지와 비표지: 대격은 비표지로 쓰이는 경우가 많다. 문장 안에서의 목적어가 구체적이지 않거나 불특정 대상을 가리키는 경우 대격어미를 표지하지 않는다. 목적어가 명확하고 구체적인 특징을 가진다는 것은 해당 목적어가 고유명사이거나 형용사, 수사, 대명사인 경우, 또는 어떠한 수식어를 가진 명사인 경우를 말한다.

Чи **үзэг** авсан уу? Чи **миний** **үзэгийг** авсан уу? (인칭대명사)

Би **ном** уншсан. Би **энэ** **номыг** уншсан. (지시대명사)

Өрөө цэвэрлээрэй. **Том** **өрөөг** цэвэрлээрэй. (형용사)

Доржийг харсан уу? (고유명사)

Томыг нь аваад **жижгийг** нь орхиё. (형용사)

Хоёрыг үлдээгээрэй. (수사)

Намайг дуудаарай. (인칭대명사)

Үүнийг ийшээ зөөе. (지시대명사)

2 Эс өнгөрсөн цагаар төгсгөх нөхцөл: -НА/-НЭ/-НО/-НӨ

시제종결어미 중에서 '-НА/-НЭ/-НО/-НӨ' 어미는 상황이나 사건이 일어난 때가 비과거임을 나타낸다.

1. 평서문: 동사 어간 + на[4]

Би дараа жил монгол явна.	저는 내년에 몽골에 갑니다.
Маргааш бороо орно.	내일 비가 옵니다.

2. 의문문: 동사 어간 + х уу[2]/вэ?

Чи дараа жил монгол явах уу?	너는 내년에 몽골에 갈거니?
Хоёулаа хамтдаа хичээлээ хийх үү?	둘이서 같이 공부할까?

3. 부정문: 동사 어간 + хгүй

Би дараа жил монгол явахгүй.	저는 내년에 몽골에 안 갑니다.
Би сайн мэдэхгүй.	저는 잘 모르겠습니다.

4. 부정의문문: 동사 어간 + хгүй юу/вэ?

Чи дараа жил монгол явахгүй юу?	너는 내년에 몽골에 안 가니?
Үүний тухай чи сайн мэдэхгүй юу?	이것에 대해 너는 잘 모르니?

3 Цагийн утга илтгэх нөхцөл: -ХАД^4/-ХДАА^4

'-хад^{4}'는 형동사어미 '-х'와 여처격어미 '-д'가 결합된 형태이다. 여기에다 일반재귀어미(재귀격어미) '-аа^{4}'가 첨가된 형태는 '-хдаа^{4}'이다. 이 형태들은 어떤 행위나 현상의 상태, 또는 발생의 의미를 나타낸다.

Та нарыг хөдөө байхад бороо орсон уу?

너희들이 시골에 있을 때 비가 왔니?

Намайг хоол хийж байхад ээж ирсэн.

내가 음식을 하고 있을 때 어머니가 왔다.

Та нар хөдөө байхдаа морь их унасан уу?

너희들이 시골에 있을 때 말 많이 탔니?

Би хоол хийж байхдаа ээжтэй утсаар ярьсан.

제가 음식을 하고 있을 때 어머니와 통화하였습니다.

-ХАД	-ХДАА
- 주문장 및 종속문의 행위주가 서로 다르다. - 종속문의 행위주는 대격어미를 취한다.	- 주문장 및 종속문의 행위주가 동일하다. - 주로 행위주가 문장 앞에 위치하며 주격의 영형태(∅)를 취한다
Намайг гэрээс гарахад ээж гэртээ байсан. Намайг бага байхад Болд манай хөрш байсан.	**Би** гэрээс гарахдаа гар утсаа мартсан. **Би** бага байхдаа энэ хотод амьдардаг байсан.

듣기

1. Та хагас бүтэн сайн өдөр юу хийх дуртай вэ?
   당신은 토요일에 무엇을 하는 것을 좋아합니까?

2. Би хагас бүтэн сайн өдөр ууланд гарах дуртай.
   저는 토요일에 등산하는 것을 좋아합니다.

3. Та хөдөө аялалаар явах дуртай юу?
   당신은 시골에 여행하러 가는 것을 좋아합니까?

4. Тийм, би хөдөө аялалаар явах дуртай.
   네, 저는 시골에 여행하러 가는 것을 좋아합니다.

5. Та монголд байхдаа хаашаа явж амрах дуртай байсан бэ?
   당신 몽골에 있을 때 어디에 가서 쉬는 것을 좋아했습니까?

6. Би монголд байхдаа Тэрэлжид очоод морь унаж амрах дуртай байсан.
   저는 몽골에 있을 때 테렐지에 가서 말을 타고 쉬는 것을 좋아했습니다

쓰기

1. 나는 시골에 가서 말을 타는 것을 좋아한다.
(дуртай, морь, унах, хөдөө, би, явж)

2. 여행을 가면서 자연 풍경을 감상한다.
(баясдаг, аялалаар, байгалийн, явж, үзэсгэлэнг, харж)

3. 나는 내년에 몽골에 와서 말을 탈 것이다.
(морь, би, дараа жил, монголд, унана, ирж)

4. 몽골 음식은 조금 기름기가 많지만 맛있다.
(амттай, тос ихтэй, боловч, хоол, монгол, жаахан)

5. 나는 어렸을 때 바닷가에 가서 수영을 하곤 했었다. (сэлдэг байв, би, байхдаа, бага, эрэг, далайн, дээр, очоод, усанд)

연습

Би ном уншсан.

나는 책을 읽었다.

1 (-ийг/-ыг/-г) Би энэ номыг уншсан.

나는 이 책을 읽었다.

2 (-на⁴) Би энэ номыг уншина.

나는 이 책을 읽는다.

Минсү хөдөө явсан.

민수는 시골에 갔다.

1 (байхдаа) Минсү монголд байхдаа хөдөө явсан.

민수는 몽골에 있을 때 시골에 갔다.

2 (-даг⁴ –сан⁴)

Минсү монголд байхдаа хөдөө дандаа явдаг байсан.

민수는 몽골에 있을 시골에 자주 가곤 했다.

3

Бат сургууль явсан.
바트가 학교에 갔다.

1. Бат сургууль явна.
   (-на 비과거) 바트가 학교에 간다.

2. Бат сургуульд явдаг.
   (-даг - 반복) 바트가 학교를 다닌다.

회화테스트

1. Таны хобби юу вэ?
   취미가 무엇입니까?

2. Миний хобби аялалаар явах.
   나의 취미는 여행입니다.

3. Би гэртээ хатгамал оёх дуртай.
   나는 집에서 천에 수를 놓는 것을 좋아합니다.

4. Та монголын хөдөө нутгаар явж үзсэн үү?
   당신은 몽골의 시골에 여행 가 본 적이 있습니까?

연습문제

문제 1 다음 대화에 알맞은 것을 고르세요

А: Өчигдөр юу хийсэн бэ?
Б: Найзтайгаа (   ).

① уулзаж байна
② уулзсан
③ уулзана
④ уулздаг

문제 2 다음 빈칸에 알맞은 것을 고르세요.

Хаалтанд тохирох тийн ялгалын нөхцөлийг сонгоно уу.
Даарч болохгүй, бас энэ эм(   ) уух хэрэгтэй шүү.

① -ийн
② -тэй
③ -ийг
④ -ээс

제6과

Уур амьсгал, цаг агаар

기후 및 날씨에 대한 표현

학습 목표

- 한국과 몽골의 날씨 소개

어휘

хүйтэн	춥다	дулаан	따뜻하다
халуун	덥다	сэрүүн	쌀쌀하다
хавар	봄	зун	여름
намар	가을	өвөл	겨울
далай тэнгис	바다	эх газрын орон	내륙국가
далайн түвшин	해발	эрс тэс	극한
хуурай ширүүн	건조한	хойд	북
урд	남	баруун	서
зүүн	동	дөрвөн улирал	사계절

본문

Цаг агаар, уур амьсгал 날씨, 기후

Монгол орон далай тэнгисээс алслагдсан эх газрын орон юм. Төв азийн Монгол улс далайн түвшнээс дээш 1500 метр өндөрт оршдог. Тийм учраас, эрс тэс, хуурай ширүүн уур амсгалтай.

몽골 영토는 바다에서 멀리 떨어져 있는 내륙 국가이다. 중앙아시아의 몽골국은 바다 표면에서 해발 1500미터에 위치해 있다. 그렇기 때문에 혹독하고, 건조한 기후를 가지고 있다.

Монгол орон баруун хойд талаараа өндөр уулаар хүрээлэгдсэн хангайн бүс нутагтай байдаг бол өмнөд талаараа говийн, зүүн талаараа талын бүс нутагтай. Тиймээс хангай, говь, тал хээрийн онцлогыг бүгдийг нь харж болох бөгөөд өвөл, зун, хавар, намрын улирлын ялгааг сайтар мэдэрч чадна.

몽골 영토는 서북쪽으로 높은 산으로 둘러싸여 있는 고원 지역이라면 남쪽으로는 사막, 동쪽으로는 초원 지역이다. 그렇기에 고원, 사막, 초원의 특성을 모두 볼 수 있고 겨울, 여름, 봄, 가을의 계절적 차이를 잘 느낄 수 있다.

Та хэрвээ монголд урт хугацаагаар очиж амьдрах гэж байгаа бол 4 улирлын зузаан, нимгэн хувцас зэргийг сайтар бэлтгэж очоорой.

당신이 만약 몽골에 장기간 와서 거주할 것이라면 사계절의 두텁고, 얇은 의복 등을 잘 준비하여 오시기 바랍니다.

B

Дорж: Чи гадуур гараад ирэв үү?
도르지: 밖에 나갔다 왔나요?

Цэцэг: Тэглээ.
체첵: 그렇습니다.

Дорж: Гадаа ямар байна вэ?
도르지: 밖은 어때요?

Цэцэг: Хүйтэн, салхитай байна. Та гарах гэж байна уу?
체첵: 춥고, 바람이 붑니다. 어르신 밖에 나가시려고요?

Дорж: Тийм.
도르지: 그래요.

Цэцэг: Тэгвэл дулаахан хувцасаа өмсөөрэй.
체첵: 그러면 따뜻한 옷을 입으세요.

Дорж: За, баярлалаа.
도르지: 그래요, 고마워요.

Цэцэг: Бас нарны шилээ зүүгээрэй. Хурц нартай байна лээ шүү.
체첵: 그리고 선글라스를 착용하세요. 햇빛이 강렬합니다.

본문설명

1. 인칭대명사의 보충법: 도구격

БИ → НАДААР　　БИД(ЭН) → БИДНЭЭР

ЧИ → ЧАМААР

ТА → ТАНААР　　ТА НАР → ТА НАРААР

ТЭР → ТҮҮГЭЭР　　ТЭД(ЭН) → ТЭДНЭЭР

2. 현대몽골어의 2인칭종결어미는 "–аарай⁴" 와 –аач⁴, 그리고 Ø(영형태)로 나타난다. 의미적으로 명령, 희망, 기원의 내용을 갖는다.

Одоо ингээд яваарай.　　지금 가세요.

Үүнийг та хийгээд өгөөч.　　이것을 당신이 해줘요.

Маргааш түүнтэй эртхэн уулз.　　내일 그와 일찍 만나라.

문법

1 도구격 어미 (ҮЙЛДЭХИЙН ТИЙН ЯЛГАЛ): -ААР, ЭЭР, -ООР, -ӨӨР

1. 어떤 행위의 도구나 수단, 방법을 나타낸다.

Би таксигаар ирлээ.	저는 택시를 타고 왔습니다.
Би дараа тань руу утсаар ярья.	제가 다음에 당신한테 전화 할게요.

2. 어떤 물건의 재료나 원료가 됨을 나타낸다.

Цахилгаанаар ажилладаг машин байна.	전기로 작동하는 차가 있다.
Энэ талхийг юугаар хийсэн юм бол?	이 빵은 무엇으로 만든 건가요?

3. 시간을 나타내는 명사에 붙어 시간적 범위를 나타낸다.

Зуны амралтаараа хөдөө амарсан.	여름휴가 때 시골에서 쉬었습니다.
Цагаан сараар юу хийдэг вэ?	설날에 무엇을 합니까?

4. 해당 행위의 공간적 범위를 나타낸다.

Би европоор аялахыг хүсч байна.	저는 유럽으로 여행을 하고 싶습니다.
Талаар дүүрэн хонин сүрэг бэлчинэ.	초원에서 많은 양들이 풀을 뜯고 있다.

5. 기본수사에 도구격 어미를 연결하여 분배수사의 기능을 나타낸다

Нэг нэгээрээ орж ирээрэй.	한 명씩 들어오세요.
Хоёр хоёроор нь нэгтгэсэн.	둘 둘씩 합치세요.

2 2인칭종결어미(2-Р БИЕЭР ТӨГСГӨХ НӨХЦӨЛ): -ААРАЙ, -ЭЭРЭЙ, -ООРОЙ, -ӨӨРЭЙ

현대몽골어 2인칭종결어미 -аарай, -ээрэй, -оорой, -өөрэй는 청자에 대한 명령, 요구, 권유 등의 의미를 나타낸다.

Сайн сууж байгаарай.	안녕히 계세요.
Хурдан ирээрэй.	빨리오세요.
Утсаар яриарай.	전화하세요.

3 일반재귀어미(ЕРӨНХИЙЛӨН ХАМААТУУЛАХ): -АА, -ЭЭ, -ОО, -ӨӨ

재귀어미란 동작주와 행위에 직접적인 관계를 가지는지, 또한 어떤 대상이 누구에게 속하는지를 표시하는 격어미이다. 다시 말하면, 재귀어미를 취한 단어는 해당 문장의 술어와 주어에게 속하고 있음을 알려주는 것이다.

Би ном уншсан.	나는 책을 읽었다.
Би номоо уншсан.	나는 내 책을 읽었다.
Би сургууль явлаа.	나는 학교에 갔다.
Би сургуульдаа явлаа.	나는 내 학교에 갔다.

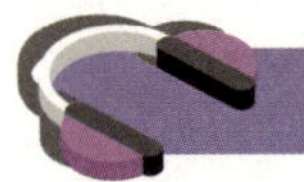

듣기

1. Дулаан хувцасаа өмсөөрэй.
   따뜻한 옷 입으세요.

2. Гадаа хүйтэн байна уу?
   밖에 춥나요?

3. Одоо бол гайгүй байна. Харин өглөө оройдоо хүйтэн байгаа шүү.
   지금은 괜찮습니다. 근데 아침 저녁에는 추워요.

4. Гэхдээ би машинаар явна. Даарахгүй байх аа.
   하지만 저는 자동차로 갑니다. 춥지 않을 거예요.

5. Төв замаар их машинтай байна. Болгоомжтой яваарай.
   중앙 도로는 자동차들이 많습니다. 조심해서 가세요.

쓰기

1. 수업 끝나고 버스로 집에 왔다.
(гэртээ, ирсэн, автобусаар, хичээл, тараад)

2. 여름 방학 때 시골에 간다. (хөдөө, явна, зуны, амралтаараа)

3. 고비지역으로는 덥고 건조한 여름이 되었다.
(болж байна, говийн, халуун, хуурай, нутгаар, зун)

4. 저녁 시간에 돌아다닐 때 조심하세요.
(байгаарай, болгоомжтой, оройн цагаар, явахдаа)

5. 밖에 바람이 많이 분다. 창문을 열지 마세요.
(нээгээрэй, битгий, гадаа, цонхоо, байна, салхитай)

연습

1

Хичээлээ сайн хийгээрэй.
공부 열심히 하세요.

1. (-аач[4]) Хичээлээ сайн хийгээч.
   공부 열심히 하세요.

2. Хичээлээ сайн хий. (영형태)
   공부를 열심히 하세요.

2

Монгол бол эх газрын орон.
몽골은 내륙국가이다.

1. Монгол бол далай тэнгисээс хол эх газрын орон.
   몽골은 바다에서 멀리 떨어진 내륙국가이다.

2. Монгол бол далай тэнгисээс хол, эх газрын, хуурай уур амьсгалтай орон.
   몽골은 바다에서 멀리 떨어진 건조한 내륙국가이다.

3

Өнөөдөр халуун байна.
오늘은 덥다.

1 Өнөөдөр халуун, хуурай байна.
오늘은 덥고 건조하다.

2 Өнөөдөр халуун, хуурай, салхитай байна.
오늘은 덥고 건조하며 바람이 많이 분다.

회화테스트

1. Гадаа ямар байна?
   밖에 날씨가 어떻습니까?

2. Дулаахан байна.
   따뜻합니다.

3. би гадуур явах ажилтай.
   밖에 볼 일이 있어요.

4. Та борооны шүхрээ аваарай. Үдээс хойно бороо орно гэсэн шүү.
   우산을 가져가세요. 오후에 비가 온답니다.

5. Цонхоо нээгээрэй. Их халуун байна шүү.
   창문 좀 여세요. 너무 덥습니다.

연습문제

문제 1 다음 대화에 알맞은 것을 고르세요.

А: Энд нэрээ бичих үү?
Б: Тийм, тэнд (   ).

① бичсэн
② бичээрэй
③ бичих вэ
④ бичмээр байна

문제 2 다음 빈칸에 알맞은 것을 고르세요.

А: Онгоцны билетээ хэзээ захиалах хэрэгтэй вэ?
Б: Энэ хагас сайн өдөр хүртэл (   ).

① захиалаарай
② захиалсан
③ захиалав
④ захиалдаг

제7과

Юм худалдан авах

물건 사기

학습 목표

- 시장과 백화점에서 물건 사기

어휘

үнэ	값, 가격	үнэтэй	비싸다
хямд	싸다	хямдруулах	가격을 깎다
авах	받다, 구매하다	худалдах	판매하다
худалдаж авах	구매하다	их дэлгүүр	백화점
давхар	층	хүнсний бараа	식료품
бэлэн хувцас	기성복	гэр ахуйн цахилгаан бараа	가전제품
номын дэлгүүр	서점	хүнсний тасаг	식료품 코너
ногоо	야채	жимс	과일
талх	빵	хиам	햄

본문

Дэлгүүр оръё. 상점에 갑시다.

Өчигдөр найз руугаа утсаар ярилаа. Хэрвээ завтай бол хамтдаа дэлгүүр оръё гэж хэлэв. Найз маань ажлаа эрт дуусвал хамт явъя гэв.

어제 친구와 통화했습니다. 만약 시간이 있으면 함께 상점에 가자고 말했습니다. 내 친구는 일이 일찍 끝나면 같이 가자고 했습니다.

Бид хоёр хамтдаа хотын төв рүү явж Их дэлгүүр орлоо. Их дэлгүүрийн нэгдүгээр давхарт хүнсний бараа, хоёрдугаар давхарт бэлэн хувцас, харин гуравдугаар давхар луу гарвал гэр ахуйн цахилгаан бараа байдаг. Хамгийн дээд давхарт нь номын дэлгүүр бий.

저희 둘은 함께 도시 중앙으로 가서 백화점에 갔습니다. 백화점 1층에는 식료품, 2층에는 기성복, 그리고 3층으로 가면 가정용 전기 용품이 있습니다. 가장 꼭대기 층에는 서점이 있습니다.

Миний найз хоёр хоёрдугаар давхар луу гарч бэлэн хувцас үзлээ. Хямдхан бас аятайхан өвлийн гутал байвал авъя гэсэн юм. Харин би дөрөвдүгээр давхарт гарч шинээр гарсан ном сонирхлоо. Би сард нэг удаа энэ номын дэлгүүр лүү ирж ном сонирхдог.

저와 제 친구 둘은 2층에 가서 기성복을 보았습니다. 저렴하고 좋은 겨울 신발이 있으면 사자고 했습니다. 그러나 저는 4층으로 가서 새로 출간된 책을 둘러보았습니다. 저는 한 달에 한 번 이 서점에 와서 책을 둘러봅니다.

Дараа нь бид хоёр хүнсний тасаг руу оров. Тэнд шинэ ногоо, амтат жимс төрөл төрлөөрөө байна. Бид хоёр нэг талх, хоёр кило хиам, бас жаахан ногоо аваад гэр лүүгээ харилаа.

다음에 저희 둘은 식료품 코너로 갔습니다. 거기서 신선한 야채, 맛있는 과일이 종류별로 있었습니다. 저희 둘은 빵 한 개, 2Kg의 햄, 그리고 몇 가지 야채를 사서 집으로 돌아왔습니다.

B

Дорж: Энэ монгол хэлний ярианы дэвтэр ямар үнэтэй вэ?

도르지: 이 몽골어 회화 노트는 얼마인가요?

Цэцэг: Хоёр мянган төгрөг.

체첵: 2,000투그륵 입니다.

Дорж: Хоёрыг авбал хямдруулах уу?

도르지: 2개를 사면 싸게 해 주십니까?

Цэцэг: Хямдруулж болно оо.

체첵: 싸게 해 줄 수 있습니다.

Дорж: За тэгвэл хоёрыг авъя. Нэгийг нь найздаа бэлэглэе.

도르지: 자 그러면 두 개를 사겠습니다. 한 개를 친구에게 선물할 거예요.

Цэцэг: Баярлалаа. Танд уутанд хийгээд өгье.

체첵: 감사합니다. 봉지에 넣어서 드릴게요.

C

Дорж: Энэ ямар үнэтэй вэ?
도르지: 이것은 얼마인가요?

Дорж: Энэ хэд вэ?
도르지: 이것은 얼마인가요?

Цэцэг: Үнэтэй байна.
체첵: 비싸군요.

Цэцэг: Жаахан хямдруулж өгөхгүй юу?
체첵: 조금 싸게 주지 않으시겠습니까?

본문설명

1. 과거시제종결어미 –лаа⁴: 이 어미를 동사의 어간에 연결하여 해당 행위가 완료되었음을 나타내며 화자가 직접 목도하거나 인지한 사실 등을 표시한다.

Би өнөө өглөө хөдөөнөөс ирлээ. 저는 오늘 아침에 시골에서 왔어요.

Би саяхан нэг сонин ном уншлаа. 저는 얼마 전에 재밌는 책 하나 읽었어요.

이 어미는 때로는 근접과거가 아닌 근접 미래의 일을 나타내는 수도 있다.

Би маргааш Монгол явлаа. 저는 내일 몽골에 갑니다.

Нар жаргалаа, Эртхэн явъя. 해가 질 것 같은데, 일찍 가자.

문법

1 방향격 어미(ЧИГЛЭХИЙН ТИЙН ЯЛГАЛ): РУУ/РҮҮ

현대몽골어의 방향격 어미는 기본적으로 다음과 같은 의미를 나타낸다.

1. 행위의 지향점을 나타낼 때 쓴다.

Гэрээсээ сургууль руу явна. 집에서 학교로 갑니다.

Яаралтай хэрэг гарвал над руу утсаар яриарай.

급한 일 생기면 저에게 전화하세요.

2. 어떤 행위가 일어나는 공간적인 의미로 쓰인다.

Цай руугаа давс хийв. 차에 소금을 넣었다.

Булчин руу нь тариа хийв. 근육에 주사를 맞았다.

2 조건연결 어미(БОЛЗОН ХОЛБОХ НӨХЦӨЛ): -ВАЛ^4/-БАЛ^4

조건이나 가정의 뜻을 나타내는 어미로 사용된다. 이 어미의 용법을 다음과 같이 정리할 수 있다. 일반적으로 분명한 사실을 어떤 일에 대한 조건으로 말하거나, 뒤의 사실이 실현되기 위한 단순한 근거 또는 수시로 반복되는 상황에 대한 조건을 말할 때 쓴다.

Ажил хийвэл ам тосдоно. 일을 잘하면 좋은 일이 생긴다.(속담)

Ажил эхэлбэл дуусгах хэрэгтэй. 일을 시작했으면 끝내야 한다.

불확실하거나 아직 이루어지지 아니한 사실을 가정할 때 쓴다. 이 경우 'хэрэв'와 자유롭게 어울린다.

Хэд хоновол зүгээр болох байх. 며칠 지나면 다 나을 겁니다.

Хэрвээ тэр ирвэл надад хэлээрэй. 만약 그가 오면 저에게 말하세요.

뒤의 내용에 대한 근거가 됨을 나타낸다.

Энэ бүхнийг харвал тэр анхнаасаа тэгж бодож байжээ.

이 상황을 보면 그는 처음부터 그렇게 생각하고 있었다.

Жишээлбэл монгол хүмүүс халуун ногоотой хоол сайн идэж чаддаггүй.

예를 들면 몽골 사람들은 매운 음식을 잘 먹지 못합니다.

–вал^{4}는 동사어간이 모음 또는 'в, л, м'이외의 자음으로 끝나면 연결하며 '-бал^4'는 'в, л, м' 자음으로 끝난 단어 뒤에 연결한다.

3 1인칭 종결 어미(ШИЙДЭН ХҮСЭХ НӨХЦӨЛ): -Я/-Е/-Ё

현대몽골어의 1인칭 종결어미 '-я/-е/-ё'는 다음과 같은 의미를 나타낸다.

1. 말하는 사람이 주어가 되어 화자가 어떤 일을 하겠다고 자신의 의지를 나타내거나 상대방에게 약속함을 나타낸다.

Би яг одоо тантай очиж уулзъя.	저는 지금 바로 당신을 만나겠습니다.
Би будаа угаая. Чи төмс арилга.	나는 쌀을 씻을게, 너는 감자를 깎아.

2. 같이 행동할 것을 제안할 때 쓴다.

Маргааш хамт кино үзье.	내일 같이 영화 보자.
Эхлээд жаахан юм идье.	먼저 조금 뭐 좀 먹자.

3. 요청에 대해 승낙을 하거나 어떤 일을 요구하고 양해를 구할 때 쓴다.

Би таниас нэг юм гуйя.	저 당신에게 뭐 하나 부탁할게요.
Энд сууж жаахан амрая.	여기 앉아서 조금만 쉬자.

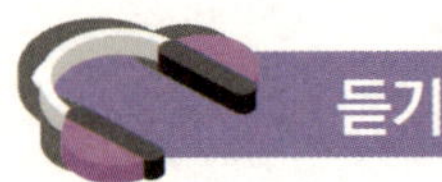

듣기

1 Танд яаж туслах вэ?
당신에게 어떻게 도와줄까요?

2 Танайд сайхан монгол дуутай сиди байна уу?
당신에게 좋은 몽골 노래 CD 있습니까?

3 Байна, байна. Зохиолын дуутай сайхан сиди байна.
있습니다. 가곡이 담긴 좋은 CD가 있습니다.

4 Ямар үнэтэй вэ?
얼마인가요?

5 Арван хоёр мянган төгрөг. Олныг авбал хямдхан өгнө шүү.
12,000투그릭 입니다. 다량구매 하시면 싸게 드리겠습니다.

6 Би энэ хоёрыг авъя.
저는 이 두 개를 사겠습니다.

쓰기

1. 시간이 나면 상점에 가자. (гарвал, оръё, зав, дэлгүүр)

2. 집에 가는 길에 친구를 만나자.
(лүүгээ, найзтайгаа, явах, уулзъя, гэр, замдаа)

3. 만약에 일이 생기면 나한테 전화하세요.
(утасдаарай, хэрэг, гарвал, руу, над, хэрвээ)

4. 친구한테 물어보고 당신 집에 같이 갈게요.
(найзаасаа, асуугаад, очъё, хамтдаа, танайд)

5. 백화점 가는 길에 학교 들렀다가 나왔다.
(гарлаа, ороод, явах, их дэлгүүр, лүү, замаараа)

연습

1

Би гэртээ эрт харьдаг.

나는 집에 일찍 간다.

1 (лүү/рүү) Би гэр лүүгээ эрт явдаг.

나는 집으로 일찍 간다.

2 (-вал⁴/-бал⁴) Би хичээлээ тарвал гэр лүүгээ эрт явдаг.

나는 수업이 끝나면 집으로 일찍 간다.

2

Өнөөдөр их дэлгүүр орлоо.

오늘 백화점에 갔다.

1 (가까운 미래) Одоо их дэлгүүр орлоо.

지금 백화점에 간다.

2 (미래/비과거) Өнөөдөр дэлгүүр орно.

오늘 백화점에 간다.

3

Би чам руу очно.

나는 너한테 간다.

1 (-я/-е/-ё) Би чам руу очъё.

나는 너한테 갈게.

2 (-бал^{4}/-вал^{4}) Би зав гарвал чам руу очъё.

나는 시간이 있으면 너한테 갈게.

회화테스트

1. Би хүнсээ хаанаас авах вэ?
식료품을 어디서 구입하나요?

2. Та хүнсээ захаас авбал дээр дээ.
식료품은 시장에서 구입하시면 됩니다.

3. Зах руу яаж очих вэ?
시장으로 어떻게 가나요?

4. Эндээс автобусанаар хоёр буудал явбал болно.
여기서 버스로 두 정거장 가면 됩니다.

5. Та надтай хамт явж чадах уу?
당신은 저와 함께 가실 수 있으시겠습니까?

6. Би ажлаад дуусгаад тань руу яръя.
제가 일을 마치면 당신에게 전화하겠습니다.

연습문제

문제 1 다음 대화에 알맞은 것을 고르세요.

А: Гадаа <u>хүйтэн</u> байна уу?
Б: Үгүй, гадаа (　　) байна.

① дулаахан　　② бүрхэг
③ их　　④ өндөр

문제 2 다음 빈칸에 알맞은 것을 고르세요.

Ээжтэй хамт зах (　　) явав.

① -тай　　② руу
③ -ын　　④ -ыг

제8과

Цаг асуух

시간표현

학습 목표

• 일상에서의 다양한 시간 표현 소개

어휘

цаг	시	минут	분
өнгөрөх	지나다	дутуу	모자라다
хагас	반, 절반	Тусархаг	친절한
сайхан сэтгэлтэй	마음씨 착한	дутагдал	단점, 부족한 점
цаг барих	시간을 지키다	хоцрох	늦다
болзоо	약속	олонтоо	다반사
өөрчлөгдөх	변하다	хүлээх	기다리다

본문

Цаг хэд болж байна? 몇 시 입니까?

A

Миний монгол найз Болд хүнд тусархаг, сайхан сэтгэлтэй, сайн найз. Гэхдээ ганц дутагдалтай. Тэр ерөөсөө цаг барьдаггүй. Тэр дандаа цагаасаа хоцордог.

제 몽골 친구 벌드는 저에게 도움이 되고, 좋은 마음씨를 가지고 있으며, 좋은 친구 입니다. 하지만 한 가지 단점이 있습니다. 그는 시간을 거의 지키지 않습니다. 그는 항상 제 시간보다 늦습니다.

Магадгүй тэр гурван цагт уулзъя гэсэн бол хүлээж байгаад гурван цаг болмогц гэрээсээ гардаг байх.

아마도 그는 3시에 보기로 했으면 기다리다가 3시가 되어서야 집에서 나올 것입니다.

B

Одоо цаг хэд болж байна?
지금 몇 시 입니까?

Арван таван цаг болж байна.
15시 입니다.

Гурван цагаас арван таван минут өнгөрч байна.
3시 15분 입니다.

Гурав арван тав болж байна.
3시 15분 입니다.

Дөрвөн цагт арван минут дутуу байна.
3시 50분 입니다.

Дөрвөвт арав дутуу байна.
3시 50분입니다.

Хоёр цаг гучин минут болж байна.
2시 30분 입니다.

Хоёр гуч болж байна.
2시 30분 입니다.

Хоёр хагас болж байна.
2시 30분 입니다.

본문설명

1. 몽골어의 시간 표현은 다음과 같이 다양한 형태로 표시한다. 특히 구어에서는 "시, 분"을 쓰지 않고 숫자만을 말하는 것이 일반적이다.

Гурван цаг болж байна.	3시입니다.
Гурав болж байна.	3시입니다.
Гурван цагаас арван таван минут өнгөрч байна.	3시 15분입니다.
Гурав арван тав болж байна.	3시 15분입니다.
Дөрвөн цагт арван минут дутуу байна.	3시 50분입니다.
Дөрөвт арав дутуу байна.	3시 50분입니다.

문법

1 과거시제종결어미(ӨНГӨРСӨН ЦАГААР ТӨГСГӨХ НӨХЦӨЛ): -ЖЭЭ/-ЧЭЭ

몽골어의 과거시제종결어미는 '-сан^4, -лаа^4, -жээ/-чээ, -в'등의 형태가 있다. 과거시제종결어미는 '-жээ/-чээ'는 화자가 행위나 사건에 직접 참여하거나 목격하지 않았으며, 단지 간접적으로 일게 되었다는 의미를 가진다.

Болд өчигдөр ирээд явжээ. 볼드는 어제 왔다가 갔다.

Урд шөнө цас их оржээ. 지난 새벽에 눈이 많이 왔다.

2 즉시연결어미 (УГТАН ХОЛБОХ НӨХЦӨЛ)-МАГЦ/-МЭГЦ/-МОГЦ/-МӨГЦ/

동사 어간에 '-**МАГЦ**^{4}'를 연결하여 어떤 동작이나 행위가 일어난 후 즉시에 다른 동작이나 행위가 행해지는 것을 나타낸다. 한국어의 '-자/-자마자'와 대응된다.

Тэр нойрноосоо сэрмэгц үсрэн бослоо. 그는 잠에서 깨자마자 벌떡 일어났다.

Найзтайгаа утсаар ярьмагцаа яаран гарсан. 친구와 통화하면서 급하게 나갔다.

3 시간과 공간 관련 후치사

시간 및 공간 표현과 관련된 몽골어의 후치사는 다음과 같다.

1. дараа: 한국어의 '-다음에' 대응하는 시간적 의미를 나타낸다. 선행하는 단어는 속격어미을 취한다.

Миний дараа орж ирээрэй. 나 다음에 들어오세요.

Чамайг ирсэний дараа гаръя. 네가 온 다음에 나가자.

2. хойно/ард: 한국어의 '뒤에'에 대응하는 시간적, 공간적 의미를 나타낸다. 주로 명사 뒤에 사용되는 경우가 많으며 선행 명사는 속격어미을 취한다.

Манай сургуулийн хойно оюутны байр байдаг.

우리 학교 뒤에 기숙사가 있다.

Бяцхан хүү ээжийнхээ хойно нуугдана.

어린 아들이 엄마 뒤에 숨는다.

3. өмнө: 한국어의 '전에'에 대응되는 시간적 의미를 나타낸다. 명사나 동사 다음에 사용되며 선행하는 단어는 속격어미를 취하는 것이 일반적이다.

Бат цагийн өмнө ирээд явсан. 바트는 한 시간 전에 왔다 갔다.

Тэр ширээний өмнө дуугүй зогсож байв. 그는 책상 앞에서 조용히 서 있었다.

4. хойш: 한국어의 '이후에' 대응하는 시간적 의미를 나타낸다. 명사 다음에 사용되며 이 때 선행 명사는 탈격어미를 취한다.

Өчигдрөөс хойш гэртээ байна. 어제부터 집에 있습니다.

Та үдээс хойш юу хийх вэ? 당신은 오후에 무엇을 할겁니까?

듣기

1 Одоо хэдэн цаг болж байна?

지금 몇 시 입니까?

2 Хоёр хагас болж байна.

2시 반 입니다.

3 Хоёулаа хэдэн цагт гэрээсээ гарах вэ?

둘이 집에서 몇 시에 나옵니까?

4 Хоёр тавьд гаръя.

2시 50분에 나갑시다.

5 Арван минутын өмнө үү? Амжих юм уу?

10분 전에요? 가능 합니까?

6 Амжих байх аа.

가능할 겁니다.

쓰기

1 10시 반에 집에서 나가자. (арав, гэрээсээ, хагаст, гаръя)

2 3시 15분 전입니다.
(дутуу, арван, гурван, цагт, минут, таван, байна)

3 6시 전에 꼭 오세요. (ирээрэй, зургаан, өмнө, цагаас, заавал)

4 내가 민수를 만나자 마자 너한테 전화할게.
(би, яръя, утсаар, чам руу, уулзмагцаа, Минсүтэй)

5 민수가 몽골에 도착하자 마자 월세를 구했다고 한다.
(хөлсөлжээ, Минсү, монголд, очмогцоо, байр)

연습

1

Одоо таван цаг гучин минут болж байна.

지금 5시 30분입니다.

1. Одоо таван цаг хагас болж байна.

   지금 5시 반입니다.

2. Одоо тав хагас болж байна.

   지금 5시 반입니다.

2

Миний найз арван нэгэн цаг дөчин таван минутад ирсэн.

내 친구는 11시 45분에 왔습니다.

1. Миний найз арван хоёрт арван таван минут дутуу байхад ирсэн.

   내 친구는 12시 15분 전에 왔습니다.

2. Миний найз арван хоёроос арван таван минут өнгөрч байхад ирсэн.

   내 친구는 12시 15분에 왔습니다.

3

Найз маань оройтож ирсэн. Тэгээд унтсан.

친구가 늦게 들어왔다. 그리고 잠을 잤다.

1 Найз маань орой ирмэгцээ шууд унтсан.

친구는 저녁 늦게 들어오자 마자 바로 잤다.

회화테스트

1 Найм тавь болж байна.

8시 50분입니다.

2 Жаахан хүлээж байгаарай. Яг ес болмогц гаръя.

잠깐 기다리세요. 9시 정각에 나갑시다.

3 Та өнөөдөр оройтох уу?

당신은 오늘은 늦습니까?

4 Оройн хоолноос өмнө ирнэ. Ажил тармагц шууд ирнэ.

저녁 식사 이전에 올 겁니다. 퇴근하자 마자 바로 옵니다.

연습문제

문제 1 다음 대화에 알맞은 것을 고르세요.

А: Одоо цаг хэд болж байна?
Б: 13:15.

① арван гурван цаг арван таван минут дутуу байна.

② нэг арван тав

③ нэг хагас

④ арван гурван цаг

문제 2 다음 빈칸에 알맞은 것을 고르세요.

Түүний төрсөн өдөр (   ) вэ?

① яагаад ② хэзээ

③ хэн ④ хаана

제9과

Зам асуух

길 묻기

학습 목표

• 기차, 버스, 지하철에서 길 찾기

어휘

дээр	위	доор	아래
дэргэд/хажууд	옆	гадна	밖에
дотор	안에	дунд	가운데
дээшээ	위로	доошоо	아래로
хажуу тийшээ	옆으로	урагшаа	앞으로
хойшоо	뒤로	зааж өгөх	가리키다
эргэх	돌다	өнгөрөх	지나가다
зам гарах	길을 건너다	суух	앉다, 타다, 탑승하다
буух	내리다		

본문

A

Дорж: Их сургуулийн нэгдүгээр байр луу очих гэсэн юм. Яаж очих вэ? Надад зааж өгөөч.

도르지: 대학교 제1건물로 가려고 합니다. 어떻게 가나요? 저에게 알려 주십시오.

Цэцэг: Эндээс гараад зүүн гар тийшээ эргээрэй.

체첵: 여기서 나가셔서 왼쪽으로 돌아가세요.

Дорж: Зүүн гар тийшээ?

도르지: 왼쪽으로요?

Цэцэг: Тийм, зүүн гар тийшээ. Тэгээд чигээрээ 200 метр орчим явна. Нэг арктай барилгын хажуугаар өнгөрөөд зам гарна.

체첵: 네, 왼쪽으로요. 그리고 직진해서 200미터 정도 가세요. 1번 아케이드 건물의 옆쪽으로 지나가셔서 길을 건너세요.

Дорж: Арктай барилга гэнээ?

도르지: 아케이드 건물이요?

Цэцэг: Тийм. Арктай барилга. Нуман хаалгатай 3 давхар байшин бий. Тэгээд зам гараад баруун гар тал руугаа харвал тэнд байж байгаа.

체첵: 네. 아케이드 건물이요. 아치 문이 있는 3층짜리 건물이 있습니다. 그리고 길을 건너서 오른쪽으로 보시면 거기에 있습니다.

Дорж: За ойлголоо. Баярлалаа.

도르지: 아 알겠습니다. 감사합니다.

B

Дорж: Уучлаарай! Төв номын сан руу яаж очихыг зааж өгөхгүй юу.

도르지: 실례합니다! 중앙 도서관으로 어떻게 가는지 알려주시지 않으시겠습니까?

Цэцэг: Тэр шар байшингийн хажуугаар гараад баруун гар тийшээ эргэвэл урдаа хөшөөтэй нэг байшин бий. Тэр төв номын сангийн байшин.

체첵: 저기 노란색 건물 옆으로 지나가셔서 오른쪽으로 돌아가시면 앞쪽에 동상이 있는 한 건물이 있습니다. 그곳이 중앙 도서관 건물입니다.

Дорж: За, баярлалаа.

도르지: 네, 감사합니다.

C

Дорж: Эндээс офицеруудын ордон руу яаж явах вэ?

도르지: 여기서 장교 회관까지 어떻게 갑니까?

Цэцэг: Эндээс чигээрээ явбал автобусны буудал байгаа. Тэндээс 13 номерийн автобусанд суугаад эцсийн буудал дээр нь буугаарай.

체첵: 여기서 직진해서 가시면 버스 정류장이 있습니다. 거기서 13번 버스를 타시고 종점에서 내리십시오.

Дорж: Баярлалаа.

도르지: 감사합니다.

본문설명

몽골에서 택시를 타기 전 반드시 익혀야 할 표현으로는 방향을 가리키는 "чигээрээ, баруун гар тийшээ, зүүн гар тийшээ, энд зогсоорой!" 등의 어휘들이 있다. 아래의 표현들을 반드시 익히기 바랍니다.

Чигээрээ	직진
Баруун гар тийшээ	우회전
Зүүн гар тийшээ	좌회전
Энд зогсоорой!	여기 세워 주세요!

문법

1 동작에 대한 결심, 준비 (–Х ГЭСЭН ЮМ)

동작이나 행위의 결심, 준비의 의미를 나타낸다. 한국어의 '-하려고 한다'에 대응한다.

Хороолол гарах гэсэн юм.	그 구역(동)으로 가려고 합니다.
Найзтайгаа уулзах гэсэн юм.	친구 만나려고 합니다.

2 위치와 방향 (ОРОН БАЙР, ЗҮГ ЧИГ) 후치사

몽골어의 위치를 표시하는 후치사는 다음과 같다. 선행하는 명사는 속격어미를 취한다.

1. дээр: 위
2. доор: 아래
3. дэргэд/хажууд: 옆
4. гадна: 밖에
5. дотор: 안에
6. дунд: 가운데

위치를 나타내는 후치사 뒤에 '-шаа/-шээ/-шоо/-шөө' 등의 접미사를 붙여 방향을 나타내는 부사가 파생된다. 몽골어의 방향을 나타내는 부사는 다음과 같다. "явах, гарах, буух" 등의 행위동사 앞에 쓰인다.

1. дээшээ: 위로
2. доошоо: 아래로
3. хажуу тийшээ: 옆으로
4. урагшаа: 앞으로
5. хойшоо: 뒤로

단, '지나가다, 통과하다'의 뜻으로 쓰이는 'гарах, өнгөрөх' 동사와는 '-аар/-ээр/-оор/-өөр/-уур/-үүр' 접미사를 취한 'дээгүүр, доогуур, хажуугаар, урдуур, хойгуур' 등의 부사가 같이 쓰인다. 이 때 선행하는 명사는 속격어미를 취한다.

듣기

1 Би шинээр гарсан толь бичиг авах гэсэн юм. Хаанаас авч болох вэ?

저는 새로 나온 사전을 사려고 합니다. 어디서 살 수 있나요?

2 "Интер ном"-д зарж байна билээ. Тэндээс очоод авчих.

"인테르 책"에서 판다고 합니다. 거기 가서 사세요.

3 "Интер ном" дэлгүүр лүү яаж очих вэ?

"인테르 책" 가게로 어떻게 가나요?

4 Эндээс доошоо буугаад зам гараад чигээрээ явна. Тэгээд хоёр давхар саарал байшингийн хажуугаар гараарай.

여기서 아래로 내려가서 길을 통과하고 직진하세요. 그리고 2층짜리 회색 건물 옆으로 지나가세요.

5 Тэгээд дараа нь?

그리고 다음은요?

6 Тэгээд баруун гар тийшээ эргэвэл "номын дэлгүүр" гэсэн хаяг харагдана.

그리고 오른쪽으로 돌아가시면 "서점"이라는 간판이 보일 겁니다.

쓰기

1. 나는 새로 나온 사전을 사고 싶습니다.
(гэсэн, авах, юм, би, толь бичиг, гарсан, шинээр)

2. 친구와 함께 시골에 여행 가려고 합니다.
(явах, гэсэн, юм, найзтайгаа, хөдөө, хамт, явах, аялалаар)

3. 직진 하다가 우회전 하세요.
(эргээрэй, чигээрээ, баруун гар тийш, байгаад, явж)

4. 2층으로 올라가면 학교 식당이 있습니다.
(бий, гуанз, хоёр давхарт, дээшээ, гарвал, сургуулийн)

5. 저 건물 옆으로 지나가서 길을 건너세요.
(хажуугаар, өнгөрөөд, зам, байшин, гараарай, тэр, байшингийн)

연습

1

Чигээрээ яваарай.
직진 하세요.

1 Чигээрээ явж байгаад зүүн гар тийшээ эргээрэй.
직진 하다가 좌회전 하세요.

2 Чигээрээ явж байгаад зүүн гар тийшээ эргээд зам гараарай.
직진 하다가 좌회전 해서 길을 건너세요.

2

Тэр уулын наана харагдаж байгаа гэр бол манайх.
저 산 앞에 보이는 게르가 바로 우리 집이다.

1 Тэр хоёр уулын дунд харагдаж байгаа гэр бол Болдынх.
저 두 산 가운데 보이는 게르가 볼드네 집이다.

2 Манай сумын төв тэр уулын хажууд харагдаж байна.
우리 군청이 저 산 옆으로 보이고 있다.

3

Манай дээд давхарт нэг япон оюутан амьдардаг.
우리 위층에 한 일본 학생이 산다.

1 Манай доод давхарт хятад оюутан амьдардаг.
우리 아래층에 중국 학생이 산다.

2 Манай хажуу талд герман оюутан суудаг.
우리 옆집에 독일 학생이 산다.

회화테스트

1. Энэ автобус хаа хүрдэг вэ?
   이 버스는 어디로 갑니까?

2. Аравдугаар хороолол орно. Та хаашаа явж байгаа юм бэ?
   10구역에 갑니다. 어디 가시려고 합니까?

3. Би вокзал орох гэсэн юм. Хэдэн номерын автобусанд суух вэ?
   저는 기차역 가려고 합니다. 몇 번 버스를 타야 합니까?

4. 5 номерийн автобусанд суугаарай.
   5번 버스를 타세요.

5. Хэдэн буудал явах бол?
   몇 정거장 갑니까?

6. Гурван буудал яваад буугаарай. Тэгээд баруун гар тийшээ чигээрээ явбал вокзал харагдана.
   세 정거장 가서 내리세요. 그리고 오른쪽으로 직진하면 기차역이 보일 겁니다.

연습문제

문제 1

А: Та хаана буух вэ?

Б: Тэр дөрвөн замаар зүүн гар тийшээ эргээрэй.

А: Зүүн гар тийшээ юу?

Б: Тийм ээ, тэгээд тэр эмийн санг өнгөрөөд зогсоорой.

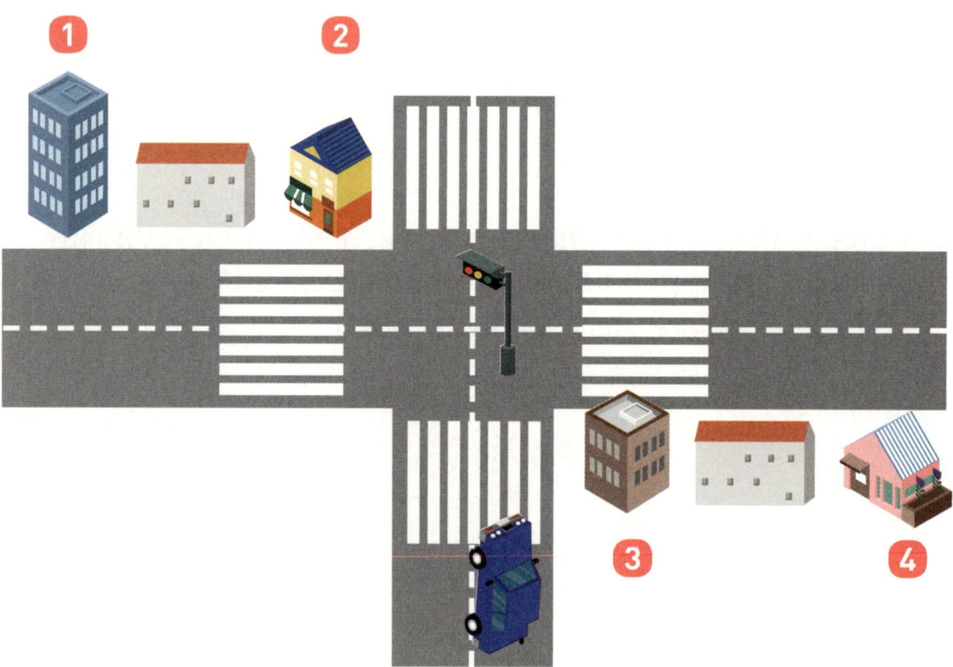

제10과

Гуанз (Хоолны газар)

식당

학습 목표

• 식당에서의 주문과 식사 예절 소개

어휘

хоолонд орох	외식하다	захиалга	주문, 예약
салат	샐러드	шөл	국, 탕
хуурга	볶음요리	хагас	절반
бүтэн	완전히, 채워서	меню	메뉴
цагаан хоол	채식	тооцоо хийх	계산하다
картаар хийх	카드결제	бэлэн мөнгөөр хийх	현금결제
баримт	영수증	үндэсний хоол	전통음식

본문

Хамтдаа хоолонд оръё. 같이 외식합시다.

A

Өнөөдөр монгол найзтайгаа хамт гадуур хоолонд орохоор боллоо.

오늘 몽골 친구들과 함께 외식을 하게 되었습니다.

Манай найз солонгос хоол идмээр байна гэсэн учраас би түүнтэй хамт явахаар болов.

제 친구는 한국 음식을 먹고 싶다고 해서 저는 그와 함께 가게 되었습니다.

Монголд олон солонгос хоолны газар бий.

몽골에 많은 한국 음식점이 있습니다.

Ихэнх нь амттай сайхан хоолоор үйлчилдэг.

대부분은 맛있고 좋은 음식이 나옵니다.

Харин зарим солонгос хоолны газрын хоол солонгостой адилхан биш. Жаахан өөр амттай байдаг.

그러나 가끔 한국 음식점의 음식은 한국 음식과 같지 않습니다. 조금은 다른 맛입니다.

Би найзтайгаа цуг “Зуун айл”-д байдаг солонгос хоолны газар орлоо.

저는 친구와 함께 “zuun ail”에 있는 한국 음식점에 갔습니다.

Тэндхийн хавиргатай шөл их сайхан байлаа.

그곳의 갈비국은 매우 맛있습니다.

Дараа бид хамтдаа монгол хоолны газар орохоор болов.

다음에 저희는 함께 몽골 음식점에 가게 되었습니다.

Би монгол үндэсний хоол идмээр байна.

저는 몽골 전통 음식을 먹고 싶습니다.

B

Дорж: Сайн байна уу? Та захиалгаа өгөх үү?

도르지: 안녕하세요? 주문하시겠습니까?

Цэцэг: За, надад ногоотой салат, хавиргатай шөл авъя.

체첵: 네, 야채샐러드, 갈비탕 주세요.

Дорж: Та уух юм юу захиалах вэ?

도르지: 음료는 무엇으로 주문하시겠습니까?

Цэцэг: Сүүтэй цай авъя. Би хавиргатай шөлөө хагасаар авмаар байна. Болох уу?

체첵: 우유차 먹겠습니다. 저는 갈비탕을 반 그릇 먹고 싶습니다. 가능합니까?

Дорж: Бололгүй яахав.

도르지: 가능합니다.

Цэцэг: Би тооцоогоо картаар хийчихье. Бас баримт авмаар байна.

체첵: 계산은 카드로 하겠습니다. 그리고 영수증도 받고 싶습니다.

Дорж: За, тэгье.

도르지: 네, 알겠습니다.

본문설명

1. 음식의 양: Хагас 와 бүтэн

2. 목적연결어미(зорин холбох нөхцөл) '-хаар[4]'는 'бол-' 동사와 함께 쓰여 어떤 행위를 할 것을 결정·결심하거나 약속함을 나타낸다. 이 경우 'бол-' 동사가 'болсон, болов, болжээ, боллоо'처럼 과거시제어미를 취하는 것이 일반적이다.

Бид маргааш явахаар болсон.	우리는 내일 가게 되었다.
Үүнийг би өөрөө хийхээр боллоо.	이것을 나는 혼자서 하게 되었다

문법

1 공동격어미-2 (Хамтрахын тийн ялгал 2): -ТАЙ, -ТЭЙ, -ТОЙ

1. 공동격어미 소유의 의미는 제3과 참조.

2. 명사에 붙어 어떤 행위를 함께 하는 대상임을 나타낸다. 이 경우 사람이나 동물을 나타내는 명사에 붙이면 '-тай3 хамт(-와 함께, -와 같이)'의 구성으로도 쓸 수 있다.

Би **найзтайгаа** (хамт) Тэрэлж явахаар болсон.
나는 친구와 같이 테를지에 가게 되었다.
Доржтой (хамт) нэг байранд амьдардаг.
도르지와 같이 한 건물에 산다

3. 주로 'адилхан(동일하다), ижил(같다), ойрхон(가깝다), дотно(친하다), төстэй(비슷하다), харьцуулах(비교하다)' 등의 동사, 형용사와 함께 쓰여 비교의 대상이거나 기준으로 삼는 대상임을 나타낸다.

Энэ хүүхэд **аавтайгаа** их адилхан юм байна. 이 아이는 아버지와 많이 닮았다.

Тэр **түүнтэй** яг ижил хувцаслажээ. 그는 그와 정말 똑같은 옷을 입었다.

2 '가능'의 형동사형어: -MAAP/-MЭЭP/-/-MOOP/-MӨӨP

동사 어간에 붙어 말하는 사람이, 또는 듣는 사람이 원하거나 바라는 내용을 나타낸다. 이 어미는 'бай-, санагд-, бодогд-' 등의 동사와 주로 어울려 가능, 추량의 의미를 기술하는데 사용된다. зэрэг үйл үгтэй хам бүтэц үүсгэх нь элбэг байна.

Монгол хэлийг сайн сурмаар байна. 몽골어를 잘 배우고 싶다.

Энэ зун монгол явж үзмээр санагдлаа. 이번 여름 몽골에 가보고 싶었다.

위의 형태와 달리 말하는 사람이나 듣는 사람이 아닌 다른 사람, 즉 3인칭의 희망을 나타내는 경우에는 아래와 같이 '-маар4 байна гэнэ' 형식을 사용해야 한다.

Бат жаахан унтмаар байна гэнэ. 바트는 조금 자려고 합니다.

Тэр өнөөдөр ирмээргүй байна гэнэ үү? 그가 오늘 오고 싶지 않다고 하나요?

듣기

1 Үйлчлэгчээ! Танайд англи хэлээр меню байна уу?

웨이터님! 영어로 된 메뉴 있습니까?

2 Байна байна. Энд байна.

있습니다. 여기 있습니다.

3 Би махгүй, цагаан хоол авмаар байна. Танайд байгаа юу?

저 고기가 들어가지 않은 채식 요리를 먹고 싶습니다. 있습니까?

4 Байгаа. Арын хуудсанд нь харвал цагаан хоолны цэс байгаа.

있습니다. 뒷 페이지를 보시면 채식 요리 매뉴가 있습니다.

5 Би шинэ ногооны салат, шар шоштой шөл авъя.

저 신선한 야채 샐러드, 황색 콩 스프를 먹겠습니다.

6 Баярлалаа. Та түр хүлээж байгаарай.

감사합니다. 조금만 기다리십시오.

쓰기

1. 나는 친구와 함께 한국 음식을 먹기로 하였다.
(найзтайгаа, би, солонгос, хамт, хоол, боллоо, идэхээр)

2. 나는 호쇼르 3개하고 야채 샐러드를 주문하고 싶다.
(захиалмаар, байна, хуушуур, нийслэл салаттай, гурван, би)

3. 나는 카드로 계산하고 영수증을 받고 싶다.
(авмаар, би, байна, тооцоогоо, баримтаа, хийгээд)

4. 나는 구운 갈비 볶음을 절반(1/2)으로 주문하고 싶다.
(авмаар, би, байна, хавиргатай, хуурга, шарсан, хагас порцоор)

5. 나는 몽골 전통 음식을 먹어 보고 싶어요.
(үзмээр, байна, би, үндэсний, монгол, идэж, хоол)

연습

1

Та юу захиалах вэ?
무엇을 주문하시겠습니까?

1 (-маар байна) Та юу захиалмаар байна вэ?
당신은 무엇을 주문하고 싶습니까?

2 (ямар захиалга) Та ямар захиалга өгөх вэ?
당신은 어떤 것을 주문하겠습니까?

2

Би найзтайгаа монгол хоол идсэн.
나는 내 찬구와 몽골 음식을 먹었다.

1 (-тай хамт) Би найзтайгаа хамт монгол хоол идсэн.
나는 찬구와 함께 몽골 음식을 먹었다.

2 (-хаар болох) Би найзтайгаа хамт монгол хоол идэхээр болсон.
나는 친구와 함께 몽골 음식을 먹기로 하였다.

3

(захиалга өгөх) Би захиалга өгч болох уу?
주문해도 됩니까?

1 (-маар[4] байна) Би захиалга өгмөөр байна.
주문을 하고 싶습니다.

2 (захиалга авах) Та миний захиалгыг аваарай.
내 주문을 받으세요.

3 (захиалга цуцлах) Энэ захиалгыг цуцлаж болох уу?
이 주문을 취소하고 싶어요.

회화테스트

1 Та юу авах вэ?
무엇을 주문하시겠습니까?

2 Чингис шар айраг хоёрыг авъя.
칭기스 맥주 2잔 주세요.

3 Даруулга авах уу?
안주 필요합니까?

4 Нэг хатаасан төмс авчихъя.
칩스 하나 주세요.

5 Тооцоогоо урьдчилаад авч байгаа шүү.
계산은 선불입니다.

연습문제

문제 1 다음 대화에 알맞은 것을 고르세요.

А: Хоцорчихлоо. Одоо яанаа?
Б: ________________________________.

① Такси ирээгүй.
② Хоцорч ирнэ.
③ Таксинд суугаарай.
④ Хоцорч боссон.

문제 2 다음 빈칸에 알맞은 것을 고르세요.

Хамгийн дуртай хоол (   )юу вэ?

① чинь
② сайхан
③ чиний
④ таны

제11과

Урих / Болзоо тавих

초대/약속하기

학습 목표

• 가정 집 방문 및 약속하기

어휘

урих	초대하다	цай уулгах	(집에서) 대접하다
бэлэг	선물	бэлэг дурсгалын зүйл	기념품
баяр	축제, 파티	завтай	시간이 있다
амжих	할 수 있다	заавал	꼭, 반드시
мартах	잊어버리다	болзоо	약속

본문

Та нар манайд ирээрэй. 여러분 우리 집으로 오세요.

A

Болд өнөөдөр ангийнхаа найзуудыг гэртээ урилаа.

벌드는 오늘 반 친구들을 집으로 초대했습니다.

Монголд дотны анд найз нараа гэртээ урьж цай уулгадаг ёс байдаг юм байна.

몽골에서는 친한 친구들을 집에 초대하여 차를 대접하는 전통이 있습니다.

Харин айлд очиж байгаа хүмүүс багахан бэлэгтэй очно.

그러나 집에 오는 친구들은 작은 선물을 준비합니다.

Орчин үед монголчууд айлд очихдоо шоколадны цуглуулга, жигнэмэг, бас дарс ч барьж очдог гэнэ.

현대 몽골인들은 집에 초대받을 때 초콜렛 세트, 쿠키, 그리고 포도주도 들고 갑니다.

Манай ангийн найзууд мөнгөө нийлүүлээд жаахан бэлэг дурсгалын зүйл худалдаж авахаар боллоо.

저희 반 친구들은 돈을 모아 조그마한 기념품 선물을 구입하게 되었습니다.

Биднийг Болдынд очиход зочиддоо зориулан сүүтэй цай чанаж бас бууз хийсэн байлаа.

저희가 벌드네 갔을 때 대접용 차를 끓여주고 보즈를 만들어 주었습니다.

Төмсөөр хийсэн нийслэл салат, шинэхэн ногооны салат их амттай байсан шүү.

감자로 만든 샐러드, 신선한 야채 샐러드는 매우 맛있었습니다.

Монголчууд их зочломтгой хүмүүс юм гэж би бодлоо.

몽골인들은 매우 호의적인 사람들이라고 저는 생각했습니다.

B

Дорж: Минсү, чи маргааш орой завтай юу?

도르지: 민수, 너 내일 저녁에 시간 있니?

Миньсү: Зав ч байна шүү. Яасан?

민수: 시간 있지. 왜?

Дорж: Тэгвэл манайд орой 7 цагт ирээрэй. Би ангийн найзуудаа бүгдийг нь урьсан. Чи ч гэсэн ирээрэй.

도르지: 그러면 우리 집에 오후 7시에 오렴. 내가 반 친구들을 모두 초대했어. 너도 와.

Миньсү: Өө, тийм үү? Ямар нэгэн баяр болох юм уу?

민수: 아, 정말? 무슨 기념일이야?

Дорж: Үгүй. Зүгээр хамт сурдаг найз нараа гэртээ урьж цайлах гэсэн юм.

도르지: 아니야. 그냥 같이 공부한 친구들을 집에 초대해서 차를 대접하려고 해.

Миньсү: Баярлалаа. Би заавал очно оо.

민수: 고마워. 나 꼭 갈게.

본문설명

1. шүү : 문미 첨사 (양태첨사)

화자의 명제에 대한 평가 및 해당 정보에 대한 자신의 견해, 또한 청자에 대한 주의·환기 등의 의미를 주로 나타낸다.

Өнөөдөр хүйтэн байна шүү.	오늘 정말 춥습니다.
Маргааш заавал ирнэ шүү.	내일 꼭 와야 합니다.

2. 첨사 'ч'는 'ч гэсэн, -ч бас' 의 형태로도 쓰여 대인관계에서 보다 친숙함의 의미를 나타낸다.

Зар мэдээг интернэтээс ч үзэж болно.	광고를 인터넷에서도 볼 수 있다.
Зар мэдээг интернэтээс ч гэсэн үзэж болно.	광고를 인터넷에서도 볼 수 있다.
Би ч гэсэн одоо ингээд явлаа.	저도 지금 가요.

문법

1 명사의 복수형(НЭР ҮГИЙН ОЛОН ТОО)

몽골어에서 명사의 복수형을 표시하는 어미는 다양하다. 복수를 나타내는 방법은 무정물(사물)과 유정물(사람)에 따라 그 어미들이 분류된다. 그러나 그 경계가 분명하지 않고 예외적으로 쓰이는 경우가 많다.

1. -ууд/-үүд

일반적으로 제일 많이 쓰이는 복수형어미이다. 몽골어 문법서들을 보면 주로 사물의 경우 많이 사용된다고 기술하고 있다.

ном – номууд	책-책들	мод – моднууд	나무-나무들
гэр – гэрүүд	집-집들	ширээ – ширээнүүд	책상-책상들
найз – найзууд	친구-친구들	хүүхэд – хүүхдүүд	아이-아이들

2. –чууд/-чүүд

주로 사람, 또는 공동체에 많이 사용된다.

монгол – монголчууд	몽골-몽골사람들
эмэгтэй – эмэгтэйчүүд	여자-여자들
солонгос – солонгосчууд	한국-한국 사람들
эрэгтэй – эрэгтэйчүүд	남자-남자들

3. нар

사람과 관련된 명사 뒤에 쓰인다.

багш – багш нар 선생님-선생님들　　эмч – эмч нар 의사-의사들
найз – найз нар 친구-친구들

4. –д

주로 자음 л, н, р 으로 끝난 명사 뒤에 쓰이며 이때 마지막 자음 л, н, р가 생략된다.

нөхөр – нөхөд 친구-친구들　　зочин – зочид 손님-손님들

2 보조 첨사 (강조첨사): ч

첨사 'ч'는 일반적으로 여러 가지 사태를 나열하거나 정도에 더함을 나타내지만 경우에 따라 다음과 같은 여러 가지 의미를 나타낸다.

1. 어떤 대상이나 사태에 포함하거나 더함을 나타낸다.

Зар мэдээг интернэтээс ч үзэж болно.　　광고를 인터넷에서도 볼 수 있다.
Манай найз нар бүгд хөдөө явчихсан. Би ч бас явмаар байна.
우리 친구들이 모두 시골에 갔다. 나도 가고 싶다.

2. 기대에 미치지 못하나 받아들임을 나타낸다.

Ундаа байхгүй бол ус ч яахав.　음료가 없으면 물이라도 좋다(이가 없으면 잇몸으로).
Ирж чадахгүй бол утсаар ч болтугай яриарай.　올 수 없으면 전화라도 하세요.

3. 정도를 나타내는 말에 붙어 그 정도가 기대한 것보다 많거나 적음을 나타낸다.

Энэ шалгалтанд ганц ч хүн тэнцсэнгүй.	이 시험에 한명도 합격하지 못했다.
Сургууль хүртэл нэг километр ч хүрэхгүй.	학교까지 1km도 안 된다.

4. 주로 'хэн, юу, хэзээ, хаана, аль' 등의 말에 붙어 어떤 경우라도 마찬가지임을 나타낸다. 이 경우 흔히 부정의 뜻을 가진 서술어와 호응한다.

Одоохондоо хэн ч ирээгүй байна.	아직 어느 누구도 오지 않았다.
Тэр хаана ч алга байна.	그는 어디에도 없다.

듣기

1. **Минсү чи өнөөдөр орой завтай юу?**
   민수야! 너는 오늘 시간이 있니?

2. **Завтай завтай. Яасан?**
   시간 있어? 왜?

3. **Өнөөдөр орой 8 цагт Болдтой уулзахаар болсон юм. Чи ирж амжих уу?**
   오늘 저녁 8시에 볼드와 만나기로 했어. 너 올 수 있어?

4. **Амжих байх аа.**
   가능할 거야.

5. **Бас Туяа ч хамт ирэх байх. Чи чадвал заавал ирээрэй.**
   그리고 토야도 같이 올 거야. 가능하면 꼭 와.

6. **Баярлалаа. Би заавал очно оо.**
   고마워. 꼭 갈게.

쓰기

1 오늘 저녁에 우리 다 같이 만나자.
(уулзая, хамтдаа, өнөө, орой, хамдаа, бүгдээрээ)

2 우리 학과 친구들이 우리 집에 온다. (манай, манайд, нар, найз, ирнэ)

3 나는 아무도 만나지 못했다. (ч, би, хэнтэй, уулзаж, чадсангүй)

4 나는 이것에 대하여 아무것도 모른다. (ч, мэдэхгүй, би, тухай, энэ, юу)

5 오늘 약속을 잊지 마세요.
(мартаарай, битгий, болзоогоо, өнөөдрийн)

연습

1

Би түүнтэй уулзсан.
나는 그 사람을 만났다.

1. (ч -гүй) Би түүнтэй ч уулзаагүй.
   나는 그 사람도 못 만났다.

2. (хэнтэй ч) Би хэнтэй ч уулзаагүй.
   나는 아무도 못 만났다.

2

Би оройн хоол идсэн.
나는 저녁을 먹었다.

1. (ч -гүй) Би оройн хоол ч идээгүй.
   나는 저녁도 못 먹었다.

2. (юу ч) Би юу ч идээгүй.
   나는 아무것도 못 먹었다.

3

Өнөөдөр битгий хоцроорой.
오늘 늦지 마세요.

1 (болзооноосоо) Өнөөдөр болзооноосоо битгий хоцроорой.
오늘 약속 시간에 늦지 마세요.

2 (багштай уулзах) Өнөөдөр багштай уулзах болзооноосоо битгий хоцроорой.
오늘 선생님과 만나는 약속 시간에 늦지 마세요.

회화테스트

❶ Чи маргааш орой завтай юу?
너 내일 저녁에 시간 있니?

❷ Би ангийн найзуудаа бүгдийг нь урьсан.
내가 반 친구들을 모두 초대했어.

❸ Болдынд очно гэж ярьсан шүү дээ.
볼드네 집에 간다고 이야기 했잖아.

❹ Ямар нэгэн баяр болох юм уу?
무슨 기념일이야?

❺ Орой 6 цагаас шүү. Хоцров оо!
저녁 6시까지다. 늦지 마!

연습문제

문제 1 다음 대화에 알맞은 것을 고르세요.

А: Гадаа хүйтэн байна уу?
Б: Үгүй, (   ) дулаахан байна.

① дандаа ② хааяа
③ өчигдрөөс ④ маргааш

문제 2 다음 대화에 알맞은 것을 고르세요.

А: Та өчигдөр юу хийсэн бэ?
Б: Өчигдөр би найзтайгаа (   ).

① уулзаж байна ② уулздаг
③ уулзсан ④ уулзах уу?

제12과

Утсаар ярих

전화하기

학습 목표

- 전화 사용법 및 통화 예절 소개

어휘

байна уу?	여보세요?	одоохондоо	아직, 현재로서는
дамжуулах	전달하다	утасдах	전화하다
ойлгох	알다, 이해하다	утасны дугаар	전화번호
таних	알다	дөхөх	다가가다, 근접하다, 가깝다
цээжлэх	외우다	өгүүлбэр	문장
сайтар	잘, 자세히	туслах	돕다

본문

A

Өнөөдөр Болдтой яаралтай уулзах хэрэгтэй байсан боловч түүнтэй утсаар ч ярьж чадсангүй.

오늘 벌드와 급히 만나야 했지만 그와 통화할 수 없었습니다.

Гар утас руу нь залгасан боловч унтраастай, гэр лүү нь залгасан боловч гэртээ байхгүй байлаа.

핸드폰으로 연락했지만 전원이 꺼져있었고, 집으로 전화했지만 집에 없었습니다.

Хичнээн хайсан ч түүнийг олсонгүй.

열심히 찾았지만 그를 찾을 수 없었습니다.

Одоо яах вэ? Заавал уулзах хэрэгтэй байна.

이제 어떡하죠? 반드시 만나야만 합니다.

B

Миньсү: Байна уу?
민수: 여보세요?

Цэцэг: Байна. Та хэнтэй ярих вэ?
체첵: 네. 누구십니까?

Миньсү: Энэ Болдын гэр мөн үү? Болдтой ярих гэсэн юм.
민수: 벌드네 집 맞나요? 벌드와 통화하려고 합니다.

Цэцэг: Уучлаарай. Болд одоохондоо эзгүй байна.
체첵: 죄송합니다만. 벌드는 현재 부재중입니다.

Миньсү: Хэзээ гэртээ ирэх бол? Яаралтай ярих хэрэг байгаа юмсан.
민수: 그러면 언제 집에 오나요? 급한 용무가 있습니다.

Цэцэг: 5 (таван) цаг өнгөрөөгөөд ирэх байх. Хэлэх юм байвал би дамжуулж өгье.
체첵: 5시가 지나서 올 겁니다. 할 말이 있으면 제가 전해주겠습니다.

Миньсү: Минсү гэж хүн ярьсан. Над руу утасдаарай гэж дамжуулаад өгөхгүй юү?
민수: 저는 민수라고 합니다. 제게 전화해달라고 전해주시겠어요?

Цэцэг: За, ойлголоо. Таны утасны дугаар хэд вэ?
체첵: 네, 알겠습니다. 당신의 전화번호가 어떻게 됩니까?

Миньсү: Миний утас 9919-1234
(ерэн ес, арван ес, арван хоёр, гучин дөрөв)
민수: 제 전화는 9919-1234 입니다.

Цэцэг: За, мэдлээ. Би Болдыг гэртээ ирвэл хэлье.
체첵: 네, 알겠습니다. 벌드가 집에 오면 말할게요.

Миньсү: Баярлалаа. Баяртай.
민수: 감사합니다. 안녕히 계세요.

문법

1 –х хэрэгтэй / -х хэрэггүй

동작이나 행위의 필요함을 나타내는 표현이다. '동사어간+х хэрэгтэй/хэрэггүй' 구성으로 쓰이며 한국어의 '할 필요있다/없다'에 대응한다.

Одоо сургууль руугаа явах хэрэгтэй. 지금 학교에 가야 됩니다.

Өнөөдөр заавал түүнтэй уулзах хэрэгтэй. 오늘 꼭 그와 만나야 됩니다.

Одоо орой болжээ. Гадагшаа гарах хэрэггүй.

지금 저녁이 되었다. 밖에 나갈 필요가 없다

2 양보연결어미(ДУТАГДАН ХОЛБОХ НӨХЦӨЛ): -ВЧ

양보연결어미 '-вч'는 앞 문장과 반대되는 내용을 뒤 문장에서 이어 말할 때 쓰이며 해당 행위에 대하여 불만족스럽다는 의미를 나타낸다.

Заримдаа уйлмаар санагдавч тэр бүр тэсэж өнгөрөөнө.

가끔 울고 싶었지만 그때 마다 참는다.

Даравч дардайна. Булавч бултайна.

눌러도 눌리지 않고 파묻어도 드러난다.(어떤 방법을 쓰더라도 결국은 진실이 이긴다)

양보연결어미 '–вч' 는 문어에서 주로 많이 쓰이며, 구어에서 본 어미와 유사한 의미로 쓰이는 형태들은 다음과 같다.

1. ч

Би монгол ярианы хэлэнд сайн ч бичгийн хэлэндээ муу.

나는 몽골어를 말하는 것은 잘하지만 쓰는 것은 못한다.

Тэр сонссон ч сонсоогүй юм шиг өнгөрсөн.

그는 들어도 못 들은 척 했다.

2. ч гэсэн

Би монгол ярианы хэлэнд сайн ч гэсэн бичгийн хэлэндээ муу.

나는 몽골어를 말하는 것은 잘하지만 쓰는 것은 못한다.

Өглөө эрт гарсан ч гэсэн зам бөглөрөөд хичээлээ хоцорчихсон.

아침 일찍 나갔지만 길이 막혀서 학교에 늦었다.

3. 명사와 형용사의 뒤에 "боловч, байвч"와 어울려 보조동사의 형태로 사용된다.

Би монгол ярианы хэлэндээ сайн боловч бичгийн хэлэндээ муу.

나는 몽골어를 말하는 것은 잘하지만 쓰는 것은 못한다.

Миний найз толгой сайтай боловч жаахан залхуу.

내 친구는 머리는 좋지만 조금 게으르다.

본문설명

1. 예사 높임 -хгүй юу: 이 형태는 청자로부터 동의를 구하는 표현이다. 의미적으로 동일한 예사 높임에 해당하는 '-аарай[4]'와 유사하지만 보다 정중하게 상대방의 의견을 묻는 표현으로 구어에서 많이 쓰인다.

Тэр номыг аваад өгөхгүй юу?	그 책을 주시겠어요?
Үүнийг түүнд дамжуулаад өгөхгүй юу?	이것을 그에게 전해주시겠어요?

2. 몽골 사람들은 전화번호를 부를 때에 두 자릿수를 한 단위로 묶어 표현한다. 예컨대, 99111234 라는 번호의 경우 99-11-12-34(ерэн ес, арван нэг, арван хоёр, гучин дөрөв) 와 같이 표시한다.

듣기

1 Байна уу? Энэ Болдоогийн гар утас мөн үү?

여보세요? 볼드씨 번호가 맞습니까?

2 Мөн байна. Хэн бэ?

맞습니다. 누구세요?

3 Би Минсү байна. Таньж байна уу?

저는 민수입니다. 기억하시나요?

4 Аан, Минсү. Танилгүй яах вэ? Сайн уу? Сонин сайхан юу байна?

아! 민수씨. 왜 모르겠어요? 잘 지냈지요? 별 일 없었죠?

5 Сайн. Чамайг завтай бол уулзаж ярих хэрэг байна.

잘 지냈어요. 시간 있으면 만나서 이야기할 것이 있어요.

6 Завтай завтай. Чи хаана байна? Би дөхөөд очъё.

시간이 괜찮아요. 지금 어디세요? 내가 그곳으로 갈게요.

쓰기

1 그 사람을 잘 알지만 전화번호는 모른다.
(мэдэхгүй, дугаарыг нь, түүнийг, таньдаг, сайн, утасны, боловч)

2 그 사람은 말하기는 잘 하지만 쓰기는 못한다.
(тэр, сайн, муу, ярихдаа, бичихдээ, боловч)

3 이 낱말들은 꼭 외워야 한다.
(хэрэгтэй, энэ, заавал, цээжлэх, үгнүүдийг)

4 내일 아침 일찍 일어날 필요가 없다.
(хэрэггүй, маргааш, эрт, босох, өглөө)

5 이 문장들은 번역할 필요가 있으나 외울 필요가 없다.
(хэрэгтэй, хэрэггүй, энэ, орчуулах, цээжлэх, ч, өгүүлбэрүүдийг)

연습

1

Би найзтайгаа утсаар ярьсан боловч уулзаж чадсангүй.
나는 친구하고 통화했지만 만나지 못했다.

1 (-сан ч) Би найзтайгаа утсаар ярьсан ч уулзаж чадсангүй.
나는 친구와 통화했어도 만나지는 못했다.

2 (гэвч) Би найзтайгаа утсаар ярьсан. Гэвч уулзаж чадсангүй.
나는 친구하고 통화했다. 하지만 만나지 못했다.

2

Үүнийг сайтар унш.
이것을 잘 읽어라.

1 (-х хэрэгтэй) Үүнийг сайтар унших хэрэгтэй.
이것을 잘 읽어야 한다.

2 (-х хэрэггүй).. Үүнийг сайн унших хэрэггүй.
이것을 세심하게 읽을 필요가 없다.

3

Надад жаахан тусал.
나를 좀 도와 줘.

1 (-аарай) Надад жаахан туслаарай.
나를 좀 도와 주세요.

2 (-хгүй юу) Надад жаахан туслахгүй юу.
나를 좀 도와 주시겠어요?

회화테스트

1 Байна уу? Болд мөн үү?
여보세요? 볼드씨 맞지요?

2 Тийм хүн байдаггүй.
그런 사람 없습니다.

3 9919-1234 биш үү?
9919-1234 아닌가요?

4 Та 9918-1234 рүү залгачихсан байна.
선생님이 9918-1234번호로 걸었습니다.

5 уучлаарай. Би андуурчихаж.
죄송합니다. 잘못 눌렀습니다.

연습문제

문제 1

А: Гадаа бороо орж байна. Гадагшаа гарах юм уу?
Б: Бороо их (   ) гадагшаа гарах хэрэггүй байх.

① орж ② ороод

③ орохоор ④ орох

문제 2

Гэдэс өлсөж байна. Би өглөөний цайгаа уух
(   ).

① хэрэггүй ② дургүй

③ дуртай ④ хэрэгтэй

제13과

Банк / Мөнгө солиулах

은행/환전하기

학습 목표

- 은행에서 통장 개설 및 환전하기

어휘

солих	바꾸다	ханш	환율
бага	작다, 적다, 낮다	өндөр	높다
валют солих цэг	환전소	доллар	미화
төгрөг	몽골 투그륵	тоолох	세다
данс нээлгэх	통장을 개설하다	харилцах данс	거래 통장
хадгаламжийн данс	예금 통장	маягт	양식
шуудан	우체국	эмнэлэг	병원
биеэ үзүүлэх	진찰 받다		

본문

Би мөнгө солиулмаар байна. 환전하고 싶습니다.

A

Би өнөөдөр банк орж мөнгө солиулангаа харилцах данс нээлгэхээр болов.

저는 오늘 은행에 가서 돈을 환전하면서 해당 계좌를 개설하게 되었습니다.

Банканд мөнгө солиулбал ханш нь бага боловч найдвартай.

은행에서 돈을 환전하면 환율은 낮지만 신뢰할 수 있습니다.

Бас задгай болон бүхэл валютыг үнийг зөрүүгүй сольж өгдөг.

그리고 잔돈 혹은 모든 외환을 변동 없이 바꾸어 줍니다.

Харин "валют солих цэг"-т солиулбал задгай долларыг бага ханшаар авдаг.

그러나 환전소에서 환전을 하면 금액이 적은 달러는 낮은 환율로 바꾸어 줍니다.

Яагаад тэгдэгийг би огт ойлгодоггүй.

왜 그렇게 하는지 저는 전혀 이해하지 못했습니다.

Банканд харилцах данс нээлгэхдээ өөрийнхөө паспорт юмуу гадаадын иргэний үнэмлэхээ авч очвол болно.

은행에서 해당 계좌를 개설할 때 본인의 여권 혹은 외국인 등록증을 가지고 가면 됩니다.

Данс нээлгэнгээ гүйлгээний карт хийлгэж авбал заавал бэлэн мөнгөөр гүйлгээ хийх шаардлаггүй.

계좌를 개설하면서 거래 카드를 발급받으면 반드시 현금으로 처리할 필요가 없습니다.

Монголын аль үйлчилгээний төвд картаар гүйлгээ хийж болно.

몽골의 어느 서비스 센터에서든 카드로 업무를 볼 수 있습니다.

B

Дорж: Би доллар монгол төгрөгөөр солиулах гэсэн юм.
도르지: 저는 달러를 몽골 투그륵으로 바꾸려고 합니다.

Цэцэг: Та хэдэн доллар солиулмаар байна.
체첵: 당신은 몇 달러를 환전하고 싶으십니까?

Дорж: 200 доллар. Долларын ханш хэд байна?
도르지: 200달러입니다. 달러 환율이 어떻게 됩니까?

Цэцэг: 2,050 төгрөг байна.
체첵: 2,050 투그륵 입니다.

Дорж: Тэгвэл энэ 100 долларыг нь бүхэл хорин мянгатаар, үлдсэнийг нь арван мянгатаар сольж өгөхгүй юу?

도르지: 그러면 이 100 달러를 모두 20,000 투그릭 지폐로, 나머지는 10,000 투그릭 지폐로 바꿔주시겠어요?

Цэцэг: Нийт 410 мянган төгрөг болж байна. Сайн тоолж аваарай.

체첵: 총 410,000 투그릭 입니다. 잘 확인하시고 가져가십시오.

Дорж: Та надад баримт бичиж өгөхгүй юү?

도르지: 영수증을 주시겠습니까?

Цэцэг: Тэгэлгүй яахав. Одоохон.

체첵: 네. 잠시만요.

본문설명

1. 몽골 환전소에서 외화를 투그룩으로 바꿀 때는 고액권으로 바꾸는 것이 유리하다. 따라서 환전하기 전 화폐 단위별 환율을 먼저 문의하는 것은 필수 사항이다.

Би доллар монгол төгрөгөөр солиулах гэсэн юм.

저는 달러를 몽골 투그릭으로 바꾸려고 합니다.

Та хэдэн доллар солиулмаар байна.

당신은 몇 달러를 환전하고 싶으십니까?

200 доллар. Долларын ханш хэд байна?

200달러입니다. 달러 환율이 어떻게 됩니까?

2,050 төгрөг байна.

2,050 투그륵 입니다.

문법

1 기회연결어미(ДАЛИМДУУЛАН ХОЛБОХ НӨХЦӨЛ): –НГАА/-НГЭЭ/-НГОО/-НГӨӨ

기회연결어미는 두 가지 이상의 움직임이나 사태 따위가 동시에 이루어지고 있음을 나타낸다.

Хоол идэнгээ ном уншсан.	음식을 먹으면서 책을 읽었다.
Телевиз үзэнгээ утсаар ярьж байлаа.	TV를 보면서 통화했다

2 현대몽골어의 사동태어미 (БУСДААР ҮЙЛДҮҮЛЭХ ХЭВ): '-уул/-үүл, -лга^{4}, -га^{4}, -аа^{4}'

사동태 어미는 행위주가 스스로 어떤 동작을 행하는 것이 아니라 다른 행위자에게 동작을 행하게 하는 것이다. 몽골어의 사동태 어미는 '-уул/-үүл, -лга^{4}, -га^{4}, -аа^{4}' 등이 있다.

яв - явуул : Энэ захиаг явуулаарай. 이 편지를 보내세요.

суу - суулга : Зочдыг энд суулга. 손님을 여기에 앉게 하세요.

өмс - өмсгө : Дүүгийн хувцасыг өмсгө. 동생의 옷을 입히세요.

тар - тараа : Энэ бэлгийг хүүхдүүдэд тараая.
이 선물을 아이들에게 나눠주세요.

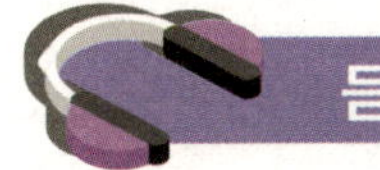

듣기

1 Сайн байна уу? Данс нээлгэх гэсэн юм.
안녕하세요? 계좌를 개설하려고 합니다.

2 Харилцах данс уу, хадгаламжийн данс уу?
당좌 계좌입니까? 예금 계좌입니까?

3 Харилцах данс нээлгэе.
당좌 계좌입니다.

4 Төгрөгийн данс биз дээ?
투그륵 계좌 맞죠?

5 Тиймээ, төгрөгийн данс.
그렇습니다. 투그륵 계좌입니다.

6 За, та энэ маягтыг бөглөнө үү?
자, 이 양식을 작성하시겠어요?

쓰기

1. 텔레비전을 보면서 전화를 하고 있다.
(үзэнгээ, ярьж, байна, телевиз, утсаар)

2. 볼드를 만나는 김에 바트에 대하여 물어봤다.
(уулзангаа, асуусан, тухай, Болдтой, Батын)

3. 우체국을 들르는 김에 이 편지를 보내세요.
(оронгоо, явуулаарай, энэ, шуудангаар, захиаг)

4. 병원에 가서 진료를 받았다. (үзүүллээ, биеэ, орж, эмнэлгээр)

5. 그 사람이 오면 이 자리에 앉히세요.
(суулгаарай, энэ, суудалд, ирвэл, түүнийг)

연습

1

Би өглөө сургуульдаа явдаг.
나는 아침에 학교에 간다.

1. (-уул/-үүл) Би өглөө дүүгээ сургуульд нь явуулдаг.
나는 아침에 동생을 학교에 보낸다.

2. Чам руу шуудангаар захиа явууллаа.
너한테 우편으로 편지를 보냈다.

2

Хөдөө яваад өчигдөр буцаж ирсэн.
시골에 가서 어제 돌아왔다.

1. Хөдөө явангаа хуучин танилуудтайгаа уулзсан.
시골에 가면서 옛 친구들을 만났다.

2. Хот руу буцаж ирэнгээ замаараа дайраад гарав.
도시로 돌아 오는 길에 들렀다

Задгай мөнгө солиулав.
잔돈으로 바꾸었다.

1 Монгол мөнгөөр солиулав.
몽골 돈으로 환전하였다.

2 Шинэ мөнгөөр солиулав.
새 지폐로 바꾸었다.

회화테스트

1 Би мөнгө солиулах гэсэн юм.
저는 환전하고 싶습니다.

2 Хэдийг солиулах вэ?
얼마를 바꾸시겠어요?

3 Танайх солонгос вонь сольж байгаа биз дээ?
한화도 환전이 되지요?

4 тэгвэл үүнийг надад солиод өгөөч.
그러면 이것을 환전해 주세요.

연습문제

문제 1 올바른 문장을 고르세요.

Зөв өгүүлбэрийг сонгоно уу.

① Надад энэ хувцас маш таалагдахгүй байна.

② Урьд өмнө бид хаанаас ч уулзаж байсан билүү?

③ Би ном унших тун дуртай.

④ Тэнгэр бүрхээд бороо огт орох юм шиг байна.

문제 2 알맞은 격어미를 연결하세요.

А: Та сургуульдаа яаж явдаг вэ?
Б: Би автобус-(　　) явдаг.

① -ыг　　② -тай

③ -аас　　④ -аар

제14과

Эмнэлэг

병원

학습 목표

• 병원 예약 및 진료 소개

어휘

толгой өвдөх	머리가 아프다	ханиад хүрэх	감기 걸리다
нус гойжих	콧물이 나다	халуурах	열이 오르다
эмч	의사	эмийн сан	약국
эрүүл мэнд	건강	өвдөх	아프다
гэдэс гүйлгэх	설사 나다, 배탈나다	нэмэр болох	도움이 되다
хоолны хордлого	식중독	шинжилгээ авах	검사를 받다
эмийн жор	처방전		

본문

A

Өглөө бостол миний толгой маш их өвдөж байлаа. Өчигдөр салхинд цохиулаад ханиад хүрсэн бололтой. Миний толгой өвдөж, хамраас нус гойжин бас бага зэрэг халуурч байлаа. Тиймээс би эмнэлэгт очихоор гэрээсээ гарав.

아침에 일어나니 제 머리가 매우 아팠습니다. 어제 바람이 강하게 불어서 감기에 걸린 것 같습니다. 머리가 아프고, 코에서 콧물이 나오고, 그리고 약간의 열이 있습니다. 그래서 저는 병원에 가려고 집에서 나왔습니다.

Эмнэлэг дээр очтол дүүрэн хүн хүлээж байгааг би харав. Удаан хүлээсний эцэст эмчид үзүүлээд эм бичүүлж авав. Эмчийн бичсэн бичгээ өгөөд эмийн сангаас эм авлаа. Эмийн санд худалдаалдаг эм тийм үнэтэй биш. Хурдан эдгэрээд хичээлдээ явмаар байна.

병원에 가니 사람들이 꽉 차서 기다리고 있는 것을 보았습니다. 오래 기다린 끝에 의사에게 진료를 받고 약을 처방 받았습니다. 의사의 처방전을 받아 약국에서 약을 받았습니다. 약국에서 구입한 약은 그렇게 비싸지 않았습니다. 빨리 회복되어 수업에 가고 싶습니다.

B

Дорж: Сайн байна уу? Би ханиад хүрсэн юм шиг байна. Аль тасагт очиж үзүүлэх вэ?

도르지: 안녕하세요? 제가 감기에 걸린 것 같습니다. 어느 과에 가야 합니까?

Цэцэг: Дотрын эмчид үзүүлнэ. Та эрүүл мэндийн даатгалын дэвтрээ авчирсан уу?

체첵: 내과 의사에게 진찰받으십시오. 건강 보험증 가져오셨나요?

Дорж: Авчирсан. Энэ байна.

도르지: 가져왔습니다. 여기 있습니다.

Цэцэг: Энэ таны номер. Та үүнийг аваад 2 давхарт 205 тоотод очиж үзүүлээрэй.

체첵: 이것은 당신의 대기번호입니다. 이것을 가지고 2층 205호에 가서 진료 받으세요.

Болд: За таны юу өвдөж байна?

볼드: 어디가 아프십니까?

Дорж: Миний толгой өвдөөд, нус гоожоод байна. Бас бага зэрэг халуурч байна.

도르지: 머리가 아프고 콧물이 납니다. 그리고 약간의 열이 있습니다

Болд: Хоолой чинь өвдөж байна уу?

볼드: 목이 아프나요?

Дорж: Хоолой улайсан байна. Бас бага зэргийн ханиадны шинж тэмдэгтэй байна.

도르지: 목이 부었습니다. 그리고 약간의 감기 증상이 있습니다.

Болд: Эм бичиж өгье.

볼드: 약을 처방해드리겠습니다.

Дорж: Хурдан эдгэх болов уу?

도르지: 빨리 나을 수 있을까요?

Болд: Энэ эмийг хоёр гурван өдөр уугаад зүгээр болох байх аа.

볼드: 이 약을 2번 3일에 걸쳐 복용하면 좋아질 겁니다.

Дорж: За. Баярлалаа, эмчээ!

도르지: 네. 감사합니다. 선생님!

본문설명

1. 미래의 '가능성'을 가리키는 형동사형어 "-маар⁴"는 동사 어간에 붙어 말하는 사람이, 또는 듣는 사람이 원하거나 바라는 내용을 나타낸다. 이 어미는 'бай-, санагд-, бодогд-' зэрэг үйл үгтэй хам бүтэц үүсгэх нь элбэг байна.

Монгол хэлийг сайн сурмаар байна.	몽골어를 잘 배우고 싶습니다.
Энэ зун монгол явж үзмээр санагдлаа.	이번 여름에 몽골에 가보고 싶었다.

• 한편, 말하는 사람이나 듣는 사람이 아닌 다른 사람, 즉 3인칭의 희망을 나타내는 경우 아래와 같이 '-маар⁴ байна гэнэ' 형식을 사용해야 한다.

Бат жаахан унтмаар байна гэнэ.	바트는 조금 자고 싶다고 합니다.
Тэр өнөөдөр ирмээргүй байна гэнэ үү?	그가 오늘 오고 싶지 않다고 하나요?

문법

1 한계연결어미(УГТАН ХОЛБОХ НӨХЦӨЛ): -ТАЛ, -ТЭЛ, ТОЛ, -ТӨЛ

동사의 한계연결어미 –тал 은 –тал (–тэл, –тол, –төл) 의 네 가지 변이형을 갖는다. 이 네 가지 변이형은 모음조화에 따라 연결한다.

1. –тал4 어미는 선행동사를 다른 동사에 연결할 때 그 행위는 다음의 행위가 시작될 때까지 계속 진행되고 있음을 나타낸다.

Намайг иртэл хүлээж байгаарай. 제가 올 때까지 기다리세요.

Түүнийг дуустал би явахгүй. 그가 끝날 때까지 저는 안 갈 거예요.

2. 과거의 사태나 행동에 뒤이어 일어난 상황을 이어 주는 연결 어미, 주로 앞 절의 내용이 뒤 절의 원인이 된다.

Тэр тухай үнэнийг хэлтэл бүгд гайхсан.

그것에 대해 진실을 말했더니 다들 놀라워했다.

Түүнтэй уулзтал танихгүй юм шиг царайлсан. 그와 만났더니 모른척 했다.

2 형동사형어(한정연결어미, ТОДОТГОН ХОЛБОХ НӨХЦӨЛ): '-х -сан, -даг, -маар -аа'

관형형어미는 문장에서 동사 어간에 붙어 관형사와 같은 기능을 수행하게 하는 어미이다. 몽골어에는 '-х -сан, -даг, -маар -аа' 등이 있다.

미래	-х:	явах, суух
과거	-сан:	явсан, суусан
반복	-даг:	явдаг, суудаг
가능성	-маар:	явмаар, суумаар
현재진행	-аа:	яваа, суугаа

듣기

1 Эмчээ орж болох уу?
선생님 들어가도 됩니까?

2 Ор ор. За яасан бэ? Юу өвдсөн?
들어오세요. 자 어떠신가요? 어디가 아프십니까?

3 Гэдэс гүйлгээд тогтдоггүй. Эм уугаад нэмэр болдоггүй.
소화가 안됩니다. 약을 먹어도 좋아지지가 않아요.

4 Хамгийн сүүлд хэзээ, ямар хоол идсэн бэ?
가장 최근에 언제 어떤 음식을 먹었나요?

5 Наадмын талбайгаас хуушуур аваад идчихсэн юмаа.
나담광장에서 호쇼르를 사 먹었습니다.

6 Хоолны хордлого байх магадлалтай юм. Эхлээд шинжилгээ аваад үзье.
식중독일 가능성이 높습니다. 일단 검사를 해보겠습니다.

쓰기

1. 내가 올 때까지 기다리세요. (иртэл, намайг, байгаарай, хүлээж)

2. 한 잔 가득 찰 때까지 차를 부었다. (дүүртэл, цай, аягаа, хийж, авсан)

3. 내가 사려고 하는 이 사전은 나한테 많은 도움이 될 것이다.
(авах, миний, толь бичиг, надад, болно, хэрэг, энэ)

4. 내가 산 이 사전이 정말 좋다.
(авсан, миний, толь бичиг, сайн, үнэхээр, энэ)

5. 내가 사고 싶은 이 사전은 좀 비싸다.
(авмаар байгаа, миний, толь бичиг, энэ, үнэтэй юм, жаахан)

연습

1

Найз ирнэ. Би хүлээнэ.

친구가 온다. 내가 기다린다.

1. (-тал$^{4}_{1}$) Найзыгаа иртэл би хүлээнэ.

   친구가 올 때까지 나는 기다린다.

2. (-тал$^{4}_{2}$) Найз маань иртэл бүгд гайхсан.

   친구가 왔더니 다들 놀라워했다.

2

(-сан^{4}) Энэ миний уншсан ном.

이것은 내가 읽은 책이다.

1. (-х) Энэ миний унших ном.

   이것은 내가 읽을 책이다.

2. (-ж байгаа, -аа^{4}) Энэ миний уншиж байгаа ном.

   이것은 내가 읽고 있는 책이다.

3. (-даг^{4}) Энэ миний уншдаг ном.

   이것은 내가 항상 읽는 책이다.

4. (-маар^{4}) Энэ миний уншмаар байгаа ном.

   이것은 내가 읽고 싶은 책이다.

회화테스트

❶ Би энэ жороор эм авах гэсэн юм.

저는 이 처방대로 약을 받으려고 합니다.

❷ За энэ байна. Өдөрт гурван удаа, хоолныхоо дараа 30 минут болоод уугаарай.

자 여기 있습니다. 하루에 세 번 식후 30분 후 드세요.

❸ Хэдэн өдөр уух вэ?

며칠간 복용합니까?

❹ Эмч 3 өдрөөр бичсэн байна.

의사가 3일치 처방해 주었습니다.

❺ Би ханиад хүрсэн юм шиг байна. Аль тасагт очиж үзүүлэх вэ?

제가 감기에 걸린 것 같습니다. 어느 과에 가야 합니까?

❻ Та эрүүл мэндийн даатгалын дэвтрээ авчирсан уу?

건강 보험증 가져오셨나요?

❼ За таны юу өвдөж байна?

어디가 아프십니까?

연습문제

문제 다음 대화를 읽고 질문에 답하세요.

A: Бат аа, чи аятайхан хоолтой газар мэдэх үү? Найз маань солонгосоос ирсэн юм.
Б: "Торгон зам" гэдэг ресторанд очиж үзсэн үү? Хоол нь амттай, цэвэрхэн газар байна билээ.
A: (ⓐ). Гэхдээ үнэтэй биш үү?
Б: Гайгүй. Өдрийн цайны цагаар очвол үнэтэй (ⓑ).

1. 다음 대화를 보고 ⓐ에 들어갈 알맞은 것을 고르세요.

① очихгүй ② очиж чадахгүй
③ очиж мэдэхгүй ④ очиж үзээгүй

2. 다음 대화를 보고 ⓑ에 들어갈 알맞은 것을 고르세요.

① ирэхгүй байх ② гарахгүй байх
③ очихгүй байх ④ хүрэхгүй байх

제15과

Жилийн дөрвөн улирал/Аялал жуулчлал

계절/관광

학습 목표

- 한국과 몽골의 계절별 특징 및 관광지 소개

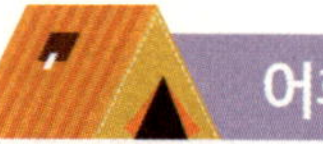

어휘

цэв цэнхэр	새파란	нов ногоон	진녹색
цав цагаан	새하얀	сэрүүсэх	쌀쌀해지다
шарлах	노랗게 변하다	хайлах	녹다
дуу цангинах	소리가 울려 퍼지다	бэлгэдэх	상징하다
аялал жуулчлал	관광	тохиромжтой	적합하다
байгаль дэлхий	자연, 천연	аюултай	위험하다
хөлдөж үхэх	얼어 죽다		

본문

Монгол орны дөрвөн улирал 몽골의 사계절

Монголын зун маш сайхан. Цэв цэнхэр тэнгэр, нов ногоон тал, тааламжтай цаг агаар нь олон орны жуулчдыг татдаг юм. Тиймээс ч зуны улиралд маш олон гадаадын жуулчид монгол орныг зорин ирдэг.

몽골의 여름은 매우 아름답습니다. 새파란 하늘, 진녹색 초원, 이상적인 날씨는 많은 나라의 관광객들을 유혹합니다. 그렇기에 여름에 많은 외국인 관광객들이 몽골 국을 방문합니다.

Монголчууд "наадмын дараа намар" гэдэг. Үнэхээр наадам дуусангуут цаг агаар сэрүүсч намрын уур амьсгал ордог. Намар болоход мод шарлаж, тариа будаа боловсордог тул "алтан намар" гэдэг.

몽골인들은 "나담 후의 가을"이라고 합니다. 정말 나담이 끝나자마자 날씨가 쌀쌀해지고 가을이 찾아옵니다. 가을이 될 때 나무는 노랗게 물들고, 곡식이 여물기 때문에 "황금 가을"이라고 합니다.

Цав цагаан тал. Тасхийм хүйтэн. Энэ бол монгол орны өвөл. Монголын өвөл маш хүйтэн, бас маш их цас ордог.

새하얀 초원. 극도의 추위. 이것은 몽골의 겨울입니다. 몽골의 겨울은 매우 춥고, 눈이 매우 많이 내립니다.

Цас хайлангуут шинэ ногоо цухуйна. Хөдөө нутагт "шинэ төлийн дуу цангинана". Монголын хавар бүх зүйлийн эхлэлийг бэлгэдэх мэт үнэхээр сэтгэл хөдлөм байдаг.

눈이 녹자마자 새로운 풀이 자랍니다. 시골 지역에 "새로운 가축새끼들의 소리가 울려 퍼집니다." 몽골의 봄은 모든 것의 시작을 상징하는 만큼 매우 흥미진진합니다.

본문설명

'Наадмын дараа намар'(나담 축제 후의 가을):

몽골의 가장 큰 명절 중 하나인 나담축제(남성3종경기)은 7월 11일부터 3일간 거행된다. 'Наадмын дараа намар'(나담 축제 후의 가을)이라 함은 축제가 끝나면 절기상 겨울이 가까이 왔음을 인식하고 월동준비를 해야 한다는 몽골인의 시간민속이 반영된 관용표현이다.

Монголчууд "наадмын дараа намар" гэдэг. Үнэхээр наадам дуусангуут цаг агаар сэрүүсч намрын уур амьсгал ордог. Намар болоход мод шарлаж, тариа будаа боловс ордог тул "алтан намар" гэдэг.
몽골인들은 "나담 후의 가을"이라고 합니다. 정말 나담이 끝나자마자 날씨가 쌀쌀해지고 가을이 찾아옵니다. 가을이 될 때 나무는 노랗게 물들고, 곡식이 여물기 때문에 "황금 가을"이라고 합니다.

문법

1 순차 연결어미(ДАЛИМДАН ХОЛБОХ НӨХЦӨЛ): -НГУУТ/-НГҮҮТ

순차 연결어미 -нгуут[2]는 해당 어미가 연결된 선행동사의 동작 발생 직후 후행동사의 동작이 바로 잇달아 순차적으로 발생함을 나타낸다. 따라서 두 동사의 동작은 앞, 뒤의 시간적 관계를 나타내게 된다.

Аавыг ирэнгүүт ээж явлаа.	아버지가 오자마자 어머니가 가셨다.
Гэрэл унтрангуут кино гарч эхэллээ.	조명이 꺼지자마자 영화가 시작됐다.

이 어미의 의미는 -магц[4]와 매우 유사한데 구어체 보다는 문어체에서 많이 사용되는 편이다.

Аавыг ирмэгц ээж явлаа.	아버지가 오자마자 어머니가 가셨다.
Гэрэл унтармагц кино гарч эхэллээ.	조명이 꺼지자마자 영화가 시작됐다.

2 형용사 비교급: 어간 + В (의미의 강화), -ВТАР, - ДУУ(의미의 약화)

형용사 비교급은 아래와 같이 형용사의 앞에 접두어를 덧붙여 의미를 강화하거나 형용사의 뒤에 접미사를 덧붙여 의미를 약화된 형용사를 새로이 파생시킬 수 있다.

1. 원급:

Шинэ 새로운	хурдан 빠른	халуун 뜨거운
Цэвэрхэн 깨끗한	хатуу 단단한	улаан 붉은

2. 최상급, 의미 강화:

цоо шинэ 가장 최근의	нэн хурдан 아주 빨리	час халуун 아주 뜨거운
цэв цэвэрхэн 아주 깨끗한	хав хатуу 아주 단단한	ув улаан 새빨간

3. 의미 약화:

Шинэвтэр 조금 새로운	хурдавтар 조금 빠른	халуувтар 조금 뜨거운
Цэвэрхэндүү 조금 깨끗한	хатуувтар 조금 딱딱한	улаавтар 조금 빨간

듣기

1 Монголд аялал жуулчлалаар очиход хэзээ хамгийн тохиромжтой вэ?

몽골로 여행 가려면 언제가 가장 적당합니까?

2 Мэдээж, зуны улирал хамгийн тохиромжтой. Дулаахан, бас байгаль дэлхий маш их үзэсгэлэнтэй үе бол зуны улирал юм.

당연히, 여름이 가장 적합합니다. 따뜻하고, 또한 풍경이 매우 아름다운 기간 역시 여름입니다.

3 Манай найз өвөлд их дуртай. Монголын өвөл ямар бол?

제 친구는 겨울을 매우 좋아합니다. 몽골의 겨울은 어떻습니까?

4 Маш хүйтэн. Хотын ойролцоо л биш бол хөдөө хол явах бас аюултай.

매우 춥습니다. 도시 근처뿐 아니라 시골로 멀리 가면 또한 위험합니다.

5 Яагаад?

왜 그렇습니까?

6 Хүн машин багатай тул хөдөө явж байгаад машин эвдэрвэл хөлдөж үхэх аюул ч тулгарч магадгүй шүү.

사람과 자동차가 적기 때문에 시골 가는 길에 자동차가 고장이 나면 동상에 걸려 사망할 수 있습니다.

쓰기

1. 나는 아침에 일어나자 마자 커피를 마신다.
(босонгуутаа, би, уудаг, өглөө, кофе)

2. 나는 그 사람을 보는 순간 바로 알아 봤다.
(харангуутаа, таньсан, би, түүнийг)

3. 몽골의 파란 하늘과 하얀 구름이 정말 아름답다.
(цэв, цав, цэнхэр, цагаан, монголын, үзэсгэлэнтэй, үүл, тэнгэр)

4. 그 여인은 까만 눈동자와 빨간 입술을 가졌다.
(хар, улаан, тас, час, тэр, нүдтэй, уруултай, бүсгүй, байв.)

5. 그 사람은 머리 숱이 적으며 약간 까만 얼굴이다.
(шингэвтэр, хүрэндүү, царайтай, тэр, үстэй, хүн, юм)

연습

1

Аав ирж ээж явав.
아버지가 오고 어머니가 갔다.

1 (-нгуут[2]) Аавыг ирэнгүүт ээж явав.
아버지가 오자 어머니가 갔다.

2 (-магц[4]) Аав ирмэгц ээж явав.
아버지가 오자 마자 어머니가 갔다.

2

Тэр эмэгтэй хар нүдтэй, улаан уруултай.
그 여성은 까만 눈동자와 빨간 입술을 가졌다.

1 (тас, час) Тэр эмэгтэй тас хар нүдтэй, час улаан уруултай.
그 여성은 새까만 눈동자와 빨간 입술을 가졌다.

2 (형용사-дуу) Тэр эмэгтэй, бордуу нүдтэй, шаргалдуу үстэй.
그 여성은 약간 옅은 갈색 눈과 옅은 노란 머리를 가졌다.

3

Цагаан үүл.

하얀 구름.

1 (цав цагаан) Цав цагаан үүл.

새하얀 구름.

2 (сүүн цагаан) Сүүн цагаан царай.

우유 빛 얼굴.

회화테스트

1 Монголын өвөл ямар вэ?

몽골의 겨울은 어떻습니까?

2 Маш их хүйтэн.

매우 춥습니다.

3 Гэхдээ цав цагаан цас, өргөн уудам талыг үзмээр байна.

하지만 새하얀 눈, 광활한 초원을 보고 싶습니다.

4 Чи онгоцны буудал дээр буунгуутаа л хөлдөж үхнэ дээ.

너는 공항에 내리자마자 얼어 죽을 수도 있어.

연습문제

문제 1 다음 빈칸에 알맞은 것을 고르세요.

Манай ах (28) настай.

① гучин зургаан ② гучин зургаа

③ хорин найман ④ хорин найм

문제 2 다음 빈칸에 알맞은 것을 고르세요.

( ) бор нүүр

① ув ② нов

③ бов ④ тас

제16과

Зочид буудал

호텔

학습 목표

- 호텔 예약 및 투숙 절차 소개

어휘

өрөө	방, 객실	захиалах	예약하다
бичиг баримт	신분증	өглөөний цай	조식
багтах	포함되다	ачаа	짐
холбоо барих утас	연락처	болгоомжтой	조심하다
хооронд	사이	гадаа хонох	길거리에서 자다, 노숙하다
сул өрөө	빈 방	дүүрэн	만실

본문

Миньсү: Сайн байна уу? Би танайд өрөө захиалсан юмсан.

민수: 안녕하세요? 방을 예약하고 싶습니다.

Цэцэг: Таны нэр хэн билээ? Бичиг баримтаа өгөхгүй юү?

체첵: 당신 이름이 뭐라고 하셨죠? 서류를 주시겠습니까?

Миньсү: Миний нэр Ким Минсү.

민수: 제 이름은 김민수 입니다.

Цэцэг: За үзье. Аа тийм байна. Хоёр хүний ортой, хагас люкс өрөө байна.

체첵: 네 확인하겠습니다. 아! 맞네요. 더블 침대와 세미 디럭스 방입니다.

Миньсү: Энэ өрөө хоногт ямар үнэтэй вэ? Өглөөний цай буудлын мөнгөнд багтсан биз дээ?

민수: 이 방은 하루에 얼마입니까? 조식이 포함되어 있는 것 맞습니까?

Цэцэг: Хоногийн 120 доллар. Өглөөний цай багтсан байгаа.

체첵: 하루에 120 달러입니다. 조식 포함입니다.

Миньсү: Өглөөний цай хэдэн цагт ууж болох вэ?

민수: 조식은 몇 시에 먹을 수 있습니까?

Цэцэг: Өглөө 7-9(долоогоос есөн) цагийн хооронд ууж болно.

체첵: 아침 7시에서 9시 사이에 먹을 수 있습니다.

Миньсүү: Кредит картаар тооцоо хийж болно биз дээ?
민수: 신용카드로 결제 가능한 것이 맞습니까?

Цэцэг: Бололгүй яахав.
체첵: 그렇습니다.

Миньсүү: Миний ачааг өрөөнд хүргэж өгөхгүй юу?
민수: 제 짐을 방에 옮겨 주시겠습니까?

Цэцэг: За за. Энэ таны түлхүүр. Манай буудалд тавтай морилно уу.
체첵: 네. 이것은 당신의 열쇠입니다. 저희 호텔에 오신 것을 환영합니다.

본문설명

1. Бололгүй яахав(되고 말고, 당연히 된다): 위 표현은 "Үйл үг + лгүй яахав" 의 구조를 갖는 관용표현이다. 화자와 청자 간의 견해가 일치함을 강조하는 표현으로 한국어의 "하고 말고" 에 대응한다.

- Чи өнөөдөр надтай хамт явна биз дээ? 너는 오늘 나와 함께 갈 거지?
- Явалгүй яахав. Чамайг би хүлээж байлаа. 당연하지. 나는 너를 기다리고 있었어.

문법

1 문장에서의 양태 첨사 (ӨГҮҮЛБЭРИЙН ЧИМЭХ ҮГ)

양태 첨사는 문장에서 표현되는 사건에 대한 화자의 주의 환기, 단언, 다짐, 확인 등의 다양한 의미를 가진다.

1. ШҮҮ: 주의 환기

Надад бас нэг ном хэрэгтэй шүү.	저에게도 책 한 권이 꼭 필요합니다.
Энэ ч мөн хэрэгтэй эд шүү.	이것도 정말 필요한 물건 입니다.

2. ДАА: 다짐

Дараа жил заавал түрүүлнэ дээ.	내년에 꼭 1등 할거야.
Заавал би эргэж ирнэ дээ.	반드시 나는 돌아오고 말 거야.

3. ШҮҮ ДЭЭ: 단언

Урьд нь би чамд сануулж байсан шүү дээ.	전에 내가 네게 말했잖아.
Иймэрхүү яриа дандаа л гарч байлаг шүү дээ.	이런 얘기는 항상 나오잖아.

4. БИЗ: 확인

Би үүнийг авчихаж болно биз?	제가 이것을 받아도 되죠?
Чи яг түүнтэй очиж уулзана биз?	너는 꼭 그와 만날 거지?

5. БИЗ ДЭЭ: 재확인

Би үүнийг авчихаж болно биз дээ? 제가 이것을 받아도 되는 거죠?

Чи түүнийг танина биз дээ? 너는 그를 잘 알지?

2 Эс өнгөрсөн цагаар төгсгөх нөхцөл: -НА/-НЭ/-НО/-НӨ

첨사 'л'는 선행어의 의미를 강조시킨다.

Үүний тухай би л мэдээгүй байсан. 이것에 대해 나만 모르고 있었다.

Өнөөдөр Болд л ирж чадсангүй. 오늘 볼드만 오지 못했다.

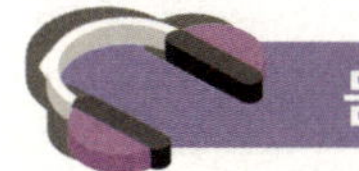

듣기

1. Сайн байна уу? Би өрөө захиалах гэсэн юм.
   안녕하세요? 방을 예약하려고 합니다.

2. Бололгүй яахав. Ямар өрөө захиалах вэ?
   네. 어떤 방을 예약하시겠습니까?

3. Энгийн өрөө хоёрыг захиалъя.
   일반 방 두 개를 예약하겠습니다.

4. Хэднээс хэдний хооронд захиалах вэ?
   언제부터 언제까지 예약하시겠습니까?

5. Энэ сарын 29-өөс дараа сарын 1-ний өдөр хүртэл.
   이번 달 29일부터 다음 달 1일까지요.

6. Захиалга өгч байгаа хүний холбоо барих утас, нэрээ хэлнэ үү.
   예약하시는 분의 연락처, 성함을 알려주세요.

쓰기

1. 이것은 내가 말했던 그 영화이거든.
(шүү дээ, миний, яриад, кино, байсан, нөгөө)

2. 내가 너보고 조심하라고 이야기했지.
(биз дээ, би, бай, болгоомжтой, гэж, хэлсэн, чамд)

3. 내일 아침 꼭 일찍 일어나야지.
(доо, маргааш, босно, яг, эрт, өглөө)

4. 여기 볼드네 집 맞지? (биз, энэ, гэр, Болдын, мөн)

5. 어제 너만 없었다. (л, байхгүй, чи, өчигдөр, байлаа)

연습

1

Зочид буудал захиалга өгсөн.
호텔 예약했다.

1. (биз) Зочид буудалд захиалга өгсөн биз?
호텔 예약했지?

2. (биз дээ) Зочид буудалд захиалга өгсөн биз дээ?
호텔 예약했지?

3. (шүү) Зочид буудалд захилага өгсөн шүү.
호텔 예약했네요.

4. (шүү дээ) Зочид буудалд захиалга өгсөн шүү дээ.
호텔 예약했잖아요.

2

Би энэ номыг уншиж амжсангүй.
나는 이 책을 읽지 못 했다.

1 (л) Би энэ номыг л уншиж амжсангүй.
나는 이 책만 읽지 못 했다.

2 (ч) Би энэ номыг ч уншиж амжсангүй.
나는 이 책도 읽지 못 했다.

회화테스트

1 Танайд сул өрөө байгаа юу?
호텔에 빈방 있습니까?

2 Уучлаарай, манайх дүүрэн хүнтэй байгаа?
죄송합니다. 우리 (호텔은) 꽉 찼습니다.

3 Энэ өрөө хоногт ямар үнэтэй вэ?
이 방은 하루에 얼마입니까?

4 Өглөөний цай буудлын мөнгөнд багтсан биз дээ?
조식이 포함되어 있는 것 맞습니까?

연습문제

문제 1 다음 빈칸에 알맞은 것을 고르세요.

Таны нэр хэн (   ) ?

① шүү　　② биз
③ дээ　　④ билээ

문제 2 다음 빈칸에 알맞은 것을 고르세요.

Би өчигдөр танд ном өгсөн (   )?

① биз　　② даа
③ дээ　　④ бол

제17과

Тээврийн хэрэгсэл

교통수단

학습 목표

• 대중 교통 소개

어휘

такси	택시	автобус	버스
метро	지하철	дүүрэн хүнтэй байх	만원
өөрийн эрхгүй	어쩔 수 없이	амьсгал авах	숨을 쉬다
билет	표	купе	침대칸
нийтийн вагон	(열차의) 일반칸	нэг тал	편도
хоёр тал	왕복		

본문

Тээврийн хэрэгсэл 교통수단

A

Дорж: Надад такси дуудаж өгөхгүй юү?
도르지: 제게 택시를 불러주시겠습니까?

Цэцэг: За, одоохон. ... Та түр хүлээгээрэй. 3 (гурван) минутын дараа такси ирнэ гэж байна
체첵: 네 잠시만요.. 잠깐 기다려 주세요. 3분 후 택시가 온다고 합니다.

B

Болд: Сайн байна уу? Та хаа хүрэх вэ?
볼드: 안녕하세요? 어디로 가시나요?

Дорж: МУИС-ийн гадаад оюутны байр оръё.
도르지: 몽골국립대 외국인 기숙사로 갑시다.

Болд: Уучлаарай, би хаана байдгийг нь мэдэхгүй тул зааж өгөөрэй.
볼드: 죄송합니다. 어디에 있는지 모릅니다. 가르쳐 주세요.

Дорж: Тэгвэл ямар ч гэсэн эхлээд хуучин цирк рүү яваарай.
도르지: 그러면 우선 옛 서커스 극장으로 갑시다.

Болд: Бид нар хуучин цирк дээр хүрээд ирчихлээ.

볼드: 옛 서커스 극장에 도착했습니다.

Дорж: За одоо эндээс баруун гар тийшээ эргээд чигээрээ яваарай. Одоо зүүн гар тийшээ эргээрэй. Чигээрээ яваад тэр хашааны өмнө зогсоорой. Хэд гарч байна?

도르지: 여기서 오른쪽으로 돌아서 직진하세요. 지금 왼쪽으로 도세요. 직진하시고 저기 울타리 앞에서 세워주세요. 얼마 나왔나요?

Болд: 1,200(мянга хоёр зуун) төгрөг гарч байна.

볼드: 1,200투그릭 나왔습니다.

Дорж: Та эндээ намайг хүлээж байхгүй юү? Би хэдхэн минутын дараа буцаад ирнэ.

도르지: 여기서 저를 기다려주시겠습니까? 몇 분 후에 다시 돌아오겠습니다.

Болд: Тэгье тэгье.

볼드: 네.

C

Би өглөө эрт сургууль руугаа автобусаар явдаг. Өглөө бүр автобус дүүрэн хүнтэй байдаг. Учир нь энэ цагт зарим нь ажилдаа, зарим нь сургуульдаа явдаг юм.

저는 아침 일찍 학교로 버스를 타고 갑니다. 아침마다 버스는 만원입니다. 이유는 이 시간에 누군가는 직장으로, 누군가는 학교로 가기 때문입니다.

Нэг өдөр би автобусанд явж байгаад өөрийн эрхгүй замаасаа буулаа. Яагаад гэвэл, хэтэрхий их хүнтэй байсан тул амьсгал авах ч арга байсангүй. Тиймээс би замдаа буусан юм. Тэгээд би дараагийн автобусанд суух уу гэж бодож байгаад цаг байхгүй байсан учраас таксигаар явахаар шийдлээ.

하루는 제가 버스를 타고 가다 어쩔 수 없이 내렸습니다. 왜냐하면 매우 추웠기 때문에 숨을 쉴 수가 없었습니다. 그래서 저는 중간에 내렸습니다. 그리고 저는 다음 버스를 타려고 생각하다가 시간이 없었기 때문에 택시를 타기로 결정했습니다.

본문설명

완료상: -чих

현대몽골어의 상(aspect)은 동사의 어간 뒤 또는 종결어미 앞에 결합하여 행위의 양상을 가리키는 문법 범주이다. 한국어의 '-해버리다'에 대응된다.

Явчихлаа.	가버렸다.
Ирчихлээ.	와버렸다.
Идчихлээ.	먹어버렸다.
(Автобусанд) суучихлаа.	버스에 타버렸다.

문법

1 문장 연결사 (Өгүүлбэрийн холбоос)

몽골어에서도 문장과 문장 사이를 부드럽고, 논리적으로 연결해 주는 다양한 연결사들이 있다.

1. Тэгээд: 그리고

Би монголд ирсэн. Тэгээд шууд л хөдөө явсан.
저는 몽골에 왔습니다. 그리고 바로 시골로 습니다.

2. Тиймээс: 그래서, 따라서

Урд шөнөжин цас оржээ. Тиймээс өнөөдөр дулаахан хувцаслая.
지난 밤 동안 눈이 왔다. 그러니 오늘 따뜻하게 옷을 입어라.

3. Тийм учраас: 그렇기 때문에

Би монгол орны тухай их сонирхдог. Тийм учраас одоо монгол хэл сурч байна.
나는 몽골에 대해 많은 관심을 가지고 있다. 그렇기 때문에 지금 몽골어를 배우고 있다.

4. Яагаад гэвэл: 왜냐하면

Өнөөдөр сургуульдаа яваагүй. Яагаад гэвэл, би ханиад хүрчихсэн.
오늘 학교에 가지 않았다. 왜냐하면 나는 감기에 걸렸기 때문이다.

5. Учир нь: 이유는

Өнөөдөр сургуульдаа яваагүй. Учир нь би ханиад хүрчихсэн.

오늘 학교에 가지 않았다. 이유는 나는 감기에 걸렸기 때문이다.

2 –Ж БАЙГААД(~중에), -ЧИХААД

동작의 진행 과정을 나타내는 위의 두 대등연결어미는 현대몽골어에서 매우 빈번하게 쓰이는 표현이다. -Ж БАЙГААД 는 어떤 행위가 현재 진행중임을 나타내며, -ЧИХААД는 행위가 이미 진행되어 완료되었음을 나타낼 때 사용된다.

Би хөдөө явж байгаад яаралтай буцаж ирсэн.

나는 시골에 가던 중에 급하게 돌아왔다.

Би хөдөө явчихаад ирсэн.

나는 시골에 갔다가 왔다.

Би Дархан явж байгаад замаасаа эргээд ирсэн.

나는 다르항시에 가던 중 되돌아왔다.

Би Дархан явчихаад өчигдөр ирлээ.

나는 다르항에 갔다가 어제 왔다.

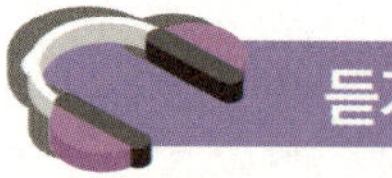

듣기

1. **Замын үүд орох билет авах гэсэн юм?**
   자밍우드 가는 티켓을 사려고 합니다.

2. **Купе авах уу, эсвэл нийтийн вагонд уу?**
   침대칸을 구입하시겠습니까? 아니면 단체석을 구입하시겠습니까?

3. **Купе авнаа.**
   침대칸으로 하겠습니다.

4. **Хэдэн хүн бэ?**
   몇 명입니까?

5. **Хоёр хүн.**
   2인 입니다.

6. **За бичиг баримтаа өгөөрэй.**
   자 영수증 받으세요.

쓰기

1. 나는 일을 하다가 마무리 못 하고 나갔다.
(хийж байгаад, гарсан, би, дуусгаж, ажлаа, амжилгүй)

2. 나는 일을 마무리 하고 늦게 나갔다.
(дуусгачихаад, оройхон, би, гарлаа, ажлаа)

3. 나는 다르항 시에 가다가 중간에 돌아왔다.
(явж байгаад, замаасаа, Дархан, би, ирлээ, буцаад)

4. 나는 다르항 시에 갔다가 어제 돌아 왔다.
(явчихаад, өчигдөр, би, Дархан, өчигдөр, ирлээ, буцаж)

5. 나는 좀 늦게 잤다. 왜냐하면, 내일 시험이 있기 때문이다.
(яагаад гэвэл, би, шалгалттай, жаахан, маргааш, унтлаа, орой)

연습

1

Би сургууль яваад саяирлээ.
나는 학교 갔다가 방금 왔다.

1 (-чихаад) Би сургууль явчихаад саяирлээ.
나는 학교 갔다가 방금 왔다.

2 (-ж байгаад) Би сургууль явж байгаад буцаад ирлээ. Юмаа мартжээ.
나는 학교 갔다가 돌아왔다. 물건을 놓고 가서.

2

Бид нар хямдхан гээд нийтийн вагоны суудал авлаа.
우리는 저렴하다고 해서 (열차의) 일반 칸을 구입했다.

1 (яагаад гэвэл) Бид нар нийтийн вагоны суудал авлаа. Яагаад гэвэл, хямдхан.
우리는 일반 칸을 구입했다. 왜냐하면, 싸기 때문이다.

2 (учир нь) Бид нар нийтийн вагоны суудал авлаа. Учир нь хямдхан.
우리가 일반 칸을 구입했다. 이유는 저렴하기 때문이다.

회화테스트

1. Дараагийн долоо хоногийн Лхагва гаригийн УБ-Сөүлийн билет бичүүлэх гэсэн юм.

   다음 주 수요일 울란바타르 - 서울 항공권을 구입하려고 합니다.

2. Лхагва гаригт нислэггүй байгаа.

   수요일에는 항공편이 없습니다.

3. Тэгвэл мягмар гаригийнхаар авъя.

   그러면 화요일로 할게요.

4. Нэг талдаа авах уу, хоёр талдаа авах уу?

   편도로 하시겠습니까, 왕복으로 하시겠습니까?

5. Хоёр талдаа авнаа.

   왕복으로 하겠습니다.

연습문제

문제 1 다음 대화에 알맞은 것을 고르세요.

А: Хоолонд гаръя. Хамт явах уу?
Б: Би явж чадахгүй
(   ) ажил ихтэй учраас явж чадахгүй

① яагаад ② учир нь
③ тиймээс ④ тийм учраас

문제 2 다음 빈칸에 알맞은 것을 고르세요.

Би ажил ихтэй болохоор хоолоо маш хурдан ид-(   )

① -ж уусан ② -чихсэн
③ -нэ ④ -жээ

제18과

Спорт

스포츠

학습 목표

- 스포츠 종목 및 관람

어휘

чөлөөт цаг	여가시간	биеийн тамир	스포츠, 체육
хичээллэх	(스포츠를) 즐겨하다	уулын аялал	등산, 등산 트래킹
биеийн хөдөлгөөн	운동	тэмцээн	경기, 시합
сагсан бөмбөг	농구	бэйсбол	야구
хөгжөөн дэмжих	응원하다	эрдэнэ	보물
харих	집에 가다, 귀가하다	тааралдах	마주치다

본문

Сүүлийн үед хүмүүс эрүүл мэнддээ их анхаарал тавих болжээ. Тиймээс чөлөөт цагаараа төрөл бүрийн биеийн тамираар хичээллэдэг. Солонгост хамгийн өргөн дэлгэр тархсан нийтийн биеийн тамирын нэг бол уулын аялал. Хүмүүс хагас бүтэн сайнд ууланд гарч, чөлөөт цагаа эрүүл мэнддээ зориулж байна. Харин би хэзээ ч ууланд гарч үзээгүй.

최근에 사람들은 건강에 대해 매우 관심을 갖게 되었습니다. 그래서 여가시간에 여러 종류의 스포츠를 즐기곤 합니다. 한국에서 가장 대중적으로 보급된 스포츠 중 하나는 등산입니다. 사람들은 주말에 산에 올라가 여가시간을 건강을 위해 보냅니다. 그러나 저는 산에 올라가 본 적이 없습니다.

Монголд бас төрөл бүрийн биеийн тамираар хичээллэж байгаа хүмүүсийн төвөггүй харж болно. Гэхдээ юу юунаас илүүтэй хөдөө орон нутгийн хүмүүсийн аж амьдрал нь өөрөө спорт юм. Морь унаж, хонио хариулж, аргал түлшээ түүж байгаа нь ямар ч спортоос илүү эрүүл мэндэд тустай биеийн хөдөлгөөн болж байна. Би ч бас ингэж амьдрах юмсан.

몽골에도 또한 여러 종류의 스포츠를 즐겨 하는 사람들을 어렵지 않게 볼 수 있습니다. 그러나 무엇보다 더 농촌 지역의 사람들의 생활은 그 자체가 운동입니다. 말타기, 양 방목하기, 땔감 줍기는 어떠한 운동보다 더 건강에 유익한 스포츠입니다. 저도 이렇게 살고 싶습니다.

B

Дорж: Чи ямар спортоор хичээллэдэг вэ?
도르지: 너는 어느 스포츠를 즐겨 하니?

Цэцэг: Би ямар ч спортоор хичээллэдэггүй.
체첵: 난 어떤 스포츠도 즐겨하지 않아.

Дорж: Тийм үү? Үнэхээр хэзээ ч спортоор хичээллэж байгаагүй гэж үү?
도르지: 정말? 정말로 아예 운동을 하지 않는다는 거야?

Цэцэг: Харин тийм ээ. Яагаад ч зав гарахгүй юм.
체첵: 그래. 어째 시간이 나지 않네.

Дорж: Чи л өөрөө зав гаргахгүй бол хэзээ ч гарахгүй шүү дээ.
도르지: 네가 시간을 안내면 시간이 안날거야.

Цэцэг: Тэр ч тийм шүү. Ямар нэгэн спортоор хичээллэх юмсан.
체첵: 그것도 맞아. (나도) 어느 한 운동은 즐기며 하고 싶어.

Дорж: Тэгвэл хоёулаа хагас бүтэн сайнд Богд ууланд гарч байя л даа.
도르지: 그러면 주말에 같이 벅드 산에 가면 되겠네.

Цэцэг: Тэгдэг ч юм уу?
체첵: 그럴까?

본문설명

1. 일상에서 많이 쓰이는 긍정의 표현들

Тийм үү?	그래요?
Харин тийм ээ.	그러게 말입니다, 그렇긴 해요
Тэгдэг ч юм уу?	그렇게 해 볼까?

2. '동사 + -я л даа' : 화자의 입장에서 상대방의 동의를 구하거나 강한 요구를 할 때 쓰이는 표현이다.

Хагас бүтэн сайнд ууланд гарч байя л даа.	주말에 등산을 합시다.
Хоёулаа хурдан явъя л даа.	둘이 빨리 갑시다

문법

1 미지칭대명사(Тодорхойгүй төлөөний үг)

사람 및 특정 사물을 불명확하게 가리키는 어휘를 미지칭대명사라고 한다. 몽골어의 미지칭대명사는 다음과 같다. 미지칭대명사는 부정형과 함께 쓰이는 특징을 갖는다.

1. хэн ч(누구도):

Энэ тухай хэн ч мэдэхгүй.	이것에 대해 누구도 모른다.
Өнөөдөр хэн ч ирсэнгүй.	오늘 누구도 오지 않았다.

2. юу ч(무엇도):

Би түүийн ярьсанаас юу ч ойлгосонгүй.
나는 그가 말한 것을 하나도 이해하지 못했다.
Захаас юу ч авсангүй. 시장에서 아무것도 사지 않았다.

3. ямар ч(어떤, 아무런)

Надад ямар ч толь бичиг байхгүй. 나에게 어떠한 사전이 없다.
Надад ямар ч мөнгө алга. 나에게 어떠한 돈도 없다.

4. хэзээ ч(전혀):

Би монголд хэзээ ч очиж үзээгүй. 나는 몽골에 전혀 가보지 않았다.
Тэр хүнтэй хэзээ ч уулзаж байсангүй. 그 사람과 전혀 만나지 않았다.

5. хаа ч(아무데도):

Түүнийг хаанаас ч хайгаад олсонгүй. 그를 어디서도 찾을 수 없었다.
Энэ толь бичиг хаа ч байхгүй байна. 이 사전은 아무데도 없었다.

6. аль ч(어느 ~도):

Энэ толь бичиг аль ч номын дэлгүүрт алга. 이 사전은 어느 서점에서도 없었다.
Ийм ёс заншил аль ч оронд байдаггүй. 이러한 관습은 어느 국가에도 없다.

2 양태첨사(Баймж бүтэц): -х юмсан/-х сан

"-х юмсан/-х сан" 라는 형태는 어떤 일에 대한 화자의 감정, 소망, 갈망, 기원 등의 심리를 나타내는 표현으로 현대몽골어의 구어에 빈번하게 사용되는 양태 표현이다.

Нэг сайхан амрах юмсан. 쉬었으면 좋겠어요.

Өнөөдөр үүнийг хийгээд дуусгачих юмсан.
오늘 이것을 끝냈으면 좋겠어요.

Хурдан явах сан. 빨리 갔으면 좋겠다.

Зун хурдан болоосой. Хөдөө явах сан.
여름이 빨리 왔으면. 시골에 가면 좋겠다.

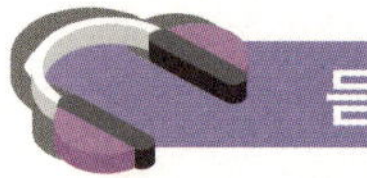

듣기

1 Минсү, хоёулаа энэ хагас сайн өдөр тэмцээн үзэхээр явах уу?

민수야, 둘이 이번 토요일에 경기 보러 갈래?

2 Ямар тэмцээн? Хаана болох юм?

어떤 경기? 어디서 열려?

3 Сагсан бөмбөгийн лигийн хагас шигшээ. Спортын төв заланд болно.

농구리그 준결승전. 스포츠 센터 체육관에서 열려.

4 Аан, тийм үү? Тэгье. Хамт явъя. Чи ямар багийг хөгжөөн дэмждэг вэ?

아 정말? 그래. 같이 가자. 너는 어느 팀을 응원하니?

5 Би "Шонхорууд" багийг хөгжөөн дэмждэг. Харин чи?

나 "Шонхорууд" 팀을 응원해. 너는?

6 Би ч сагсан бөмбөгийн талаар сайн мэдэхгүй л дээ.

나는 농구에 대해서는 잘 몰라.

쓰기

1. 나는 이 사람들 중에 아무도 모른다.
(хэнийг ч, би, танихгүй, энэ, хүмүүсээс)

2. 나는 오늘 아무것도 못 먹고 이렇게 가고 있다.
(юу ч, би, ингээд, өнөөдөр, идээгүй, байна, явж)

3. 이것은 그 어디에서도 찾을 수 없는 값비싼 보물이다.
(хаана ч, өөр, бол, энэ, эрдэнэ, үнэтэй, байхгүй)

4. 빨리 여름이 되어 시골에 갔으면 좋겠다.
(юмсан, хөдөө, хурдхан, явах, зун, болж)

5. 일찍 좀 집에 가서 쉬었으면 좋겠다. (юмсан, эртхэн, амрах, харьж)

연습

1

Энэ зун хөдөө явна.
이번 여름에 시골에 간다.

1. (-маар байна) Энэ зун хөдөө явмаар байна.
이번 여름에 시골에 가고 싶다.

2. (-х юмсан) Энэ зун хөдөө явах юмсан.
이번 여름에 시골에 갔으면 좋겠다.

3. (-х сан) Энэ зун хөдөө явах сан.
이번 여름에 시골에 갔으면 좋겠다.

4. (-ж чаддаг ч болоосой) Энэ зун хөдөө явж чаддаг ч болоосой.
이번 여름에 꼭 시골에 갈 수 있으면 좋겠는데.

2

(хэн ч) Өнөөдөр хэн ч ирсэнгүй.
오늘 아무도 오지 않았다.

1 (хэний ч) Хэний ч дуу гарсангүй.
아무도 소리를 내지 않았다.

2 (хэнд ч) Би энэ тухай хэнд ч хэлэхгүй.
나는 이에 관해 누구에게도 말하지 않겠다.

3 (хэнийг ч) Энэ хүмүүсийн хэнийг ч танихгүй юм байна.
이 사람들 가운데 누구도 알지 못 한다.

4 (хэнээр ч) Би хэнээр ч энэ ажлыг хийлгэхгүй.
나는 어느 누구에게도 이 일을 시키지 않는다.

5 (хэнээс ч) Би хэнээс ч тусламж авахгүй.
나는 누구에게도 도움을 받지 않는다.

6 (хэнтэй ч) Би хэнтэй ч тааралдсангүй.
나는 누구와도 만나지 않았다.

회화테스트

1 Чи ямар спортод дуртай вэ?

당신은 어떤 스포츠가 좋습니까?

2 Би бэйсбол үзэх дуртай.

나는 야구를 좋아합니다.

3 Чиний хөгжөөн дэмждэг баг юу вэ?

당신이 응원하는 팀은 어느 팀인가요?

4 Би “Дүсань” багийг хөгжөөн дэмждэг.

나는 ‘두산’을 응원해요.

5 Тэгж байгаад нэг сайхан тэмцээн үзэх юмсан.

어서 재미난 시합을 봤으면 좋겠어요.

연습문제

문제 1 다음 대화에 알맞은 것을 고르세요.

А: ____?
Б: Хагас сайнд уулзъя.

① Хэнтэй уулзах вэ? ② Хэдэн цагт уулзах вэ?
③ Хэзээ уулзах вэ? ④ Өнөөдөр юу хийх вэ?

문제 2 다음 빈칸에 알맞은 것을 고르세요.

Энэ зуны амралтаараа монгол руу явах (   )

① юм ② юмсан
③ маар байна ④ хүсч байна

제19과

Загварын ертөнц

패션, 유행

학습 목표

- 한국과 몽골의 최신 패션 및 유행 소개

어휘

загварлаг	패션이 있는	гутал хувцас	의상
үс гэзэг	머리, 두식	солонгосын соёл урлаг	한국 문화 예술
цэнгээнт нэвтрүүлэг	예능 방송	загварын ертөнц	패션계
хувцаслалт	옷차림	цуглуулах	모으다, 수집하다
сүүлийн үед	최근	моодонд орох	유행하다
хайрлах	아끼다	дэлгүүр хэсэх	상점을 돌아다니다, 쇼핑하다
ховор	드물다		

본문

Загварлаг залуус 패션감각이 있는 젊은이들

A

Сүүлийн үеийн залуус их загварлаг болжээ. Гутал хувцас байтугай үс гэзгэндээ хүртэл анхаарал хандуулдаг болсон гэнэ.

최근 젊은이들은 매우 뛰어난 패션감각을 갖게 되었습니다. 의상 뿐만 아니라 머리 스타일까지 신경을 쓴다고 합니다.

Сүүлийн үед монголд солонгосын соёл урлагийг ихээр хүлээн авах болжээ. Телевизээр өдөр болгон шахуу солонгос кино, солонгосын цэнгээнт нэвтрүүлгүүд гарч байна. Тэдгээр нэвтрүүлгээр манай хүүхэд залуучууд солонгосын загварын ертөнцтэй танилцаж байна.

최근 몽골에서 한국 문화예술을 적극적으로 수용하게 되었다고 합니다. TV에서 매일 한국 영화, 한국 예능 프로그램이 방영되고 있습니다. 그들 프로그램을 통해서 우리 아이들과 젊은이들은 한국의 패션계를 접하고 있습니다.

Загварын ертөнц ч тэдний хувцаслалт, төрх байдлыг тусгах болжээ. Манай залуус орчин цагийн загварын ертөнцтэй хөл нийлүүлэн алхахын тулд солонгосын охид залуусын биеэ авч явах байдал, хувцаслалтыг ихээр сонирхож байна.

패션계도 그들의 옷차림과 외형을 반영하게 되었습니다. 우리 젊은이들은 현대 패션 트렌드와 발맞춰 나아가기 위해 한국 젊은이들의 행동과 옷차림에 적극적으로 관심을 갖고 있습니다.

B

A : Туяа, чи энэ цүнхийг хаанаас авсан юм бэ?
토야, 너 이 가방 어디서 샀어?

Б : Хороолол, Ачлал гэдэг дэлгүүр байдаг шүү дээ. Тэндээс авсан.
Хороолол, Ачлал이라는 상점이 있어. 거기서 샀어.

A : Яасан гоё юм бэ? Ямар үнэтэй юм?
정말 예쁘구나! 얼마야?

Б : 100 орчим мянган төгрөг байсан шиг санагдаж байна.
거의 100,000투그륵 정도였어.

A : Пөөх, ямар үнэтэй юм бэ?
우와, 비싸구나.

Б : Одоо яахав дээ. Гоё харагдахын тулд авчихлаа.
이제 와서 소용 없지. 예뻐 보여서 사 버렸어.

본문설명

1. хөл нийлүүлэн алхах(유행에 맞추다) : 시대나 유행에 뒤쳐지지 않도록 세태에 걸 맞춘다는 의미로서 "мөр зэрэгцэн ажиллах, мөр зэрэгцэн алхах" 등의 표현과 함께 일상에서 많이 쓰이는 관용 표현이다 .

2. гоё : 현대몽골어의 구어에 빈번하게 사용되는 표현이다. 특히 여성들에게서 주로 사용되고 있으며 완곡어 또는 형용사를 대신하여 쓰이는 등 현대몽골어의 대표적인 다의어라 할 수 있다.

- Ямар амттай хоол байна? 어쩜 이렇게 맛있니?
- Гоё амттай юм байна. 참으로 맛있다.

- Энэ ном ямар юм байна? Сонирхолтой юм уу?
이 책은 어떻습니까? 흥미롭습니까?
- Их гоё ном байна лээ. Би бүр сэтгэл хөдлөөд уйлахаа шахсан гээч.
매우 흥미로운 책이다. 너무 감동 받아서 울 뻔 했어.

문법

1 인용동사: ГЭ-

"гэ-" 인용동사는 기본적으로 '이야기하다, 말하다'라는 의미를 내포하고 있다. 문장에서의 기능과 의미를 다음과 같이 정리할 수 있다.

ГЭЖ : 직접 인용문과 간접 인용문을 본 문장과 연결시킨다. 'гэж' 다음에 'ярих, хэлэх, байх' 등의 동사가 후행한다.

Маргааш бороо орно гэж байна.
내일 비가 온다고 합니다
Өнөө орой найзындаа очно гэж хэлсэн.
오늘 저녁 친구 집에 간다고 말했습니다.

ГЭДЭГ: 한국어의 '-라고 한다, -라고 불린다, -라는'과 대응된다.

Намайг Ким Минсү гэдэг.
나는 김민수라고 합니다
Энэ бол "морин хуур" гэдэг монгол үндэсний хөгжим юм.
이것은 '마두금'이라고 하는 몽골민족의 전통 악기입니다.

ГЭНЭ: 의미가 종결된 문장의 끝에 오게 되면 어떤 일에 대해서 간접적으로 전해 들었다는 의미를 나타낸다.

Маргааш бороо орно гэнэ.
내일 비가 온다고 하네요.
Багш ирэхгүй гэнэ. Өвдсөн гэнэ.
선생님은 오시지 않는다고 합니다. 편찮으시다고 합니다.

2 후치사

몽골어에서도 다양한 후치사가 있으며 선행어의 의미를 부가한다.

1. ТӨЛӨӨ: -을 위하여

Сайн сайхан бүхний төлөө. 행운을 위하여.

Эрүүл мэндийн төлөө. 건강을 위하여.

2. ОРЧИМ: 정도, 가량의

Хорь орчим хүмүүс ирсэн. 20명 정도 왔습니다.

Гуч орчим насны эрэгтэй хүн байна. 30세 가량의 남성 입니다.

3. ШАХАМ: 쯤, 여

Хорь шахам хүн ирсэн. 20명쯤 왔습니다

Гуч шахам насны эмэгтэй хүн байна. 30세 가량의 여성입니다.

4. ТУРШ: 동안, 내내

Гурван жилийн турш чимээгүй байсан. 3년 동안 침묵하고 있습니다.

Өдрийн турш манантай байлаа. 낮 동안 안개가 꼈다.

5. ТУЛД: 위하여

Амьд гарахын тулд тэмцэж байлаа. 살기 위해 투쟁하였다.

Өглөө эрт босохын тулд сэрүүлгээ тавьсан.

아침 일찍 일어나기 위해 자명종을 켰다.

6. ХҮРТЭЛ: -까지

12 цаг хүртэл хүлээгээд ирэхгүй бол явъя. 12시까지 기다리다 오지 않으면 가자.

Бээжин хүртэл галт тэргээр явсан. 북경까지 기차로 갔다.

7. БАЙТУГАЙ: -커녕, -뿐만 아니라

Чи байтугай би ч хийж чадахгүй. 너뿐만 아니라 나도 할 수 있다.

Мод байтугай өвс ч алга. 나무는 커녕 풀도 없다.

듣기

1 Чи яасан гоё гутал өмсчихсөн юм бэ? Хэзээ авсан юм?

너는 어쩜 이렇게 예쁜 구두를 신었니? 언제 샀어?

2 Найз нь мөнгөө цуглуулж байгаад авах юмсан гээд байсан гутлаа авчихлаа. Гоё байна уу?

내가 돈을 모아서 사고 싶었던 신을 샀어. 예쁘니?

3 Ёстой гоё харагдаж байна. Энэ чинь нөгөө сүүлийн үед моодонд ороод байгаа гутал мөн биз дээ?

정말로 예뻐 보인다. 이것은 최근 유행하는 신발이잖아?

4 Мөн мөн. Би бүр авах юмсан гээд л дээрээс хойш хараад байсан юм.

맞아. 내가 정말로 사고 싶어서 멀리서 바라만 보고 있었던 거야.

5 Ямар гоё юм. Би бас авах юмсан.

어쩜 이렇게 예쁘니? 나도 사고 싶다.

6 Цөөхөн үлдсэн гэж байсан шүү.

조금밖에 안 남았어.

쓰기

1. 토야는 새로 유행하는 옷을 사는 데는 돈을 아끼지 않는다.
(төлөө, Туяа, хайрладаггүй, моодонд, хувцас, мөнгөө, байгаа, орood, шинээр, авахын)

2. 그 사람은 거의 매일 쇼핑한다.
(шахам, болгон, тэр, хэсдэг, дэлгүүр, өдөр)

3. 이런 패션 의상은 몽골뿐만 아니라 한국에서도 드물다.
(байтугай, загвартай, ховор, ч, ийм, хувцас, монголд, солонгост)

4. 여기는 동대문 상가이다.
(гэдэг, төв, худалдааны, бол, энэ, дундэмүн, том)

5. 너까지 나한테 이렇게 말하다니.
(хүртэл, гэнээ, надад, хэлнэ, чи, ингэж)

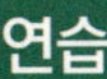

연습

1

Түүний нэрийг Ким Минсү гэдэг.
그 사람 이름은 김민수라고 한다.

1 (гэж) Түүнийг Ким гэж дууддаг.
그 사람을 김이라고 부른다.

2 (гэнэ) Түүнийг Ким гэж дууддаг гэнэ.
그 사람을 김이라고 부른다고 한다.

2

Өчигдрийн хуралд хорин хүн ирсэн.
어제 회의에 20명이 왔다.

1 (орчим) Өчигдрийн хуралд хорь орчим хүн ирсэн.
어제 회의에 20여명이 왔다.

2 (шахам) Өчигдрийн хуралд хорь шахам хүн ирсэн.
어제 회의에 (거의) 20여명이 왔다.

3 (гаруй) Өчигдрийн хуралд хорь гаруй хүн ирсэн.
어제 회의에 20여명 넘게 왔다.

3

(гэж) Турах гэж өдөр болгон дасгал хийдэг.
살을 빼려고 매일 운동한다.

1. (гээд) Турах гээд өдөр болгон дасгал хийдэг.
살을 빼려고 매일 운동한다.

2. (тулд) Турахын тулд өдөр болгон дасгал хийдэг.
살을 빼기 위해 매일 운동한다.

3. (төлөө) Турахын төлөө их хичээж байгаа.
살을 빼기 위해 노력을 많이 한다.

회화테스트

1. Чи солонгосын соёлын урсгал гэж мэдэх үү?
당신은 한류를 알고 있나요?

2. Тэр байтугай би солонгосын алдартай дуучид, жүжигчидийн нэрийг хүртэл мэднэ гээч.
그 뿐만 아니라 한국의 유명한 가수, 연예인 이름까지 알고 있답니다

3. Чи энэ талаар их сонирхдог юм уу?
당신은 이 방면으로 관심이 많군요?

4. Би солонгос загварын хувцаслалтанд дуртай. Өдөр болгон шахуу интернэтээс хайж үздэг.
저는 한국식 패션을 좋아합니다. 거의 매일 인터넷에서 검색해보고 있습니다.

5. Энэ цүнхийг хаанаас авсан юм бэ?
너 이 가방 어디서 샀어?

6. Хороолол, Ачлал гэдэг дэлгүүр байдаг шүү дээ.
Хороолол, Ачлал이라는 상점이 있어.

7. үед моодонд ороод байгаа гутал мөн биз дээ?
이것은 최근 유행하는 신발이잖아?

연습문제

문제 1 다음 빈칸에 알맞은 것을 고르세요.

Энэ ______________________________ найз.

① сайн хуучны миний хоёр
② хуучны миний сайн хоёр
③ миний хуучны хоёр сайн
④ хоёр миний сайн хуучны

문제 2 다음 빈칸에 알맞은 것을 고르세요.

Найзтайгаа зах явав. Хүмүүс их байсан болохоор ( ) хэцүү байсан.

① эрт
② их
③ олон
④ дандаа

제20과

Чөлөөт цаг

여가생활

학습 목표

• 여가생활에 관련된 다양한 표현 익히기

어휘

амралт	휴식, 휴가	чөлөөт цаг	여유시간
зав чөлөө	여유시간, 짬, 틈	зав цаг	자유시간, 시간
хичнээн	아무리	түрүүлэх	먼저, 선도하다
алга болчих	없어지다	хоцрох	늦다
алдах	실수하다, 잃다	ажил тарах	퇴근하다

본문

Чөлөөт цаг 여가시간

Ажил амралтаа зохицуулж амьдарна гэдэг бол бас нэгэн чадвар юм. Бид бүхэн зав чөлөөгүй сурч, хөдөлмөрлөхийн зэрэгцээ өөртөө зав цаг гарган амарч чаддаг байх хэрэгтэй.

일과 휴식을 조화시켜 생활한다는 것은 또 하나의 능력이다. 우리는 모두 휴식 없이 배우고, 노동함과 동시에 스스로 여가를 내어 휴식을 취할 필요가 있다.

Хүмүүс дандаа “Завтай ч болоосой. Сайхан амрах юмсан”, “Мөнгөтэй ч болоосой. Аялалаар явах юмсан” гэж ярьдаг. Хичнээн завгүй, хичнээн мөнгөгүй байсан ч гэсэн нөхцөл бололцоондоо тохирсон чөлөөт цагийг өөртөө гаргах хэрэгтэй.

사람들은 항상 “시간이 있으면 좋겠다. 푹 쉬고 싶다.”, “돈이 있으면 좋겠다. 여행 가고 싶다”라고 말한다. 정말 시간이 없고, 정말 돈이 없어도 상황과 기회를 잘 조절하여 자유 시간을 스스로 만들 필요가 있다.

Бид өөрийнхөө дуртай зүйл, сонирхсон зүйлд зав цаг гаргах нь амьдралын нэгэн том хэвшил, соёл юм. Хичнээн чухал ажилтай байсан ч гэсэн ажил амралтаа зохицуулж амьдрах хэрэгтэй гэдгийг мартуузай.

우리는 스스로 좋아하는 것들, 흥미 있는 것들에 시간을 내는 것은 인생의 한 커다란 습관이자, 문화생활이다. 정말 중요한 일이 있어도 일과 여가를 조화시켜 살 필요가 있다는 것을 잊지 말자.

B

A : Маргааш өглөө эрт явна гэсэн шүү. Мартав аа!
내일 아침 일찍 떠나지. 잊고 있었네!

Б : Юу билээ?
뭐라고?

A : Өө, чи мартчихсан юм биш биз дээ? Маргааш хагас бүтэн сайнаар загсанд явна гэж тохирсон шүү дээ.
아, 니 잊은 것은 아니지? 다음 주말에 낚시하러 가기로 했었잖아.

Б : Тийм билүү? Би бүр таг мартчихаж.
그랬었나? 나 완전 잊고 있었네

A : Маргааш бороо л битгий ороосой.
내일 비만 오지 마라.

Б : Харин тийм.
그러게.

A : Өглөө эрт босоорой. Унтчихуузай.
아침 일찍 일어나. 어서 자자.

본문설명

1. ЮУ БИЛЭЭ? : 구어체에 주로 많이 사용된다. 어떤 한 가지 사실을 청자로부터 다시 확인하거나 문의할 때 사용한다. 한국어의 "뭐였더라?" 에 대응되며 "билээ" 는 지난 사실을 확인하거나 회상하는 양태 의미로 쓰인다.

2. 주의·환기 인칭종결어미 –уузай[2] : 구어체에 이따금 사용된다. 하지만 동일한 의미를 갖는 과거시제종결어미 –в에 명령형 –аа가 결합된 "–в+аа" 형태의 구문은 일상에서 많이 쓰이는 형태이다.

문법

1 주의·환기 인칭종결어미 : -УУЗАЙ / -ҮҮЗЭЙ

한국어의 "(-아/어)지마"에 대응되며 2인칭과 3인칭에 대한 주의(환기)의 의미를 나타낸다.

Та маргааш 2 цагт хуралтай гэдгийг мартуузай.

내일 2시에 회의 있는 것을 잊지마.

Өглөө унтчихуузай.

아침에 자는 것을 잊지마.

구어체에서는 '-в аа/ээ/оо/өө'로 사용되는 경우가 많다.

Маргааш 2 цагт хуралтай гэдгийг мартав аа!

내일 2시에 회의 있는 것을 잊지 마세요!

Өглөө унтчихав аа!

아침에 자는 것을 잊지 마세요!

2 3인칭 동의·허락종결어미: -Г

1인칭과 2인칭에 제약을 가지며 3인칭에 대한 동의(허락)를 구하는 의미를 나타낸다.

Тэд кино театрт кино үзэг. 그들을 영화관에서 영화를 보게 하세요.

Тэр эртхэн явбал яваг. 그가 일찍 간다면 가게 하세요.

3 원망종결어미

희망 및 소망의 의미로 쓰이는 종결어미들은 다음과 같다.

-ААСАЙ/-ЭЭСЭЙ/-ООСОЙ/-ӨӨСЭЙ: "(-았/었)으면 좋겠다"

Бороо ороосой. Дэндүү халуун байна. 비가 왔으면. 너무 덥다.

Аав минь хурдан ирээсэй. 아버지께서 빨리 왔으면.

–тай[3] ч болоосой : 명사와 같이 쓰인다.

Завтай ч болоосой. Долоо хоног хөдөө явах сан.

여가가 있으면. 일주일간 시골에 가고 싶다.

Мөнгөтэй ч болоосой. 돈이 여유가 있다면.

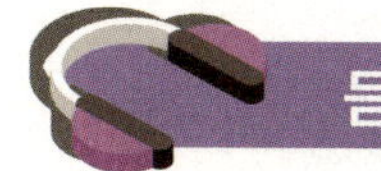

듣기

1. Орой хоцруузай.
저녁에 늦지 마세요.

2. Би зургаа хагаст ажлаа тараад шууд ирье.
내가 6시 반에 퇴근해서 바로 올게요.

3. Долоон цагт эхлэнэ гэсэн шүү дээ.
일곱 시에 시작한다고 (분명히) 말했잖아요.

4. Эхлэвэл эхлэж л байг. Би жаахан хоцроод ирэх байх.
시작한다면 시작하라고 하게. 내가 조금 늦게 올 수도 있으니.

5. Автобусаар ирэх юм уу?
버스로 오는 겁니까?

6. Харин тийм ээ. Машинтай ч байсан болоосой.
네. 그럴 것입니다. 차가 생겼으면 좋겠어요.

쓰기

1. 빨리 여름이 되었으면 좋겠어요. (болооосой, зун, хурдан)

2. 시간이 있었으면 주말에 낚시하러 가려고 했다.
(хагас бүтэн сайнд, загсанд, байсан бол, явах, завтай, байлаа.)

3. 자신을 위하여 자유 시간을 만들 줄 알아야 한다.
(сураасай, зав чөлөө, өөрийнхөө, төлөө)

4. 이 일은 그 사람이 혼자 마무리 하도록 두라.
(дуусгаг, ганцаараа, тэр, энэ, ажлыг)

5. 어디에서 실수했는지 잘 생각하라고 하게.
(бодог, сайн, дээр, алдснаа юун)

연습

1

Би үүнийг хийе.

(1인칭) 내가 이것을 할게요.

1. Чи үүнийг хийгээрэй.

   (2인칭) 당신이 이것을 해요.

2. Тэр үүнийг хийг.

   (3인칭) 그 사람이 이것을 하도록 두자.

2

Гадаа халуун байна. Бороо ороосой.

날씨가 덥다. 비가 왔으면 좋겠다.

1. (-даг4 ч болоосой.) Гадаа халуун байна. Бороо ордог ч болоосой.

   날씨가 덥다. 비가 왔으면 좋겠다.

2. (-сан4 ч болоосой.) Гадаа халуун байсан. Бороотой байсан ч болоосой.

   날씨가 더웠다. 비가 왔었으면 했다.

3

(-аарай4) Чи энэ тухай түүнд заавал хэлээрэй!
너는 이것에 대하여 그 사람에게 말하세요.

1. (-уузай2) Чи энэ тухай түүнд хэлүүзэй!
너는 이것에 대하여 그 사람에게 말하지 마!

2. (-в аа4) Чи энэ тухай түүнд хэлэв ээ!
너는 이것에 대하여 그 사람에게 말하지 마!

3. (-чихав4 аа4) Чи энэ тухай түүнд хэлчихэв ээ!
너는 이것에 대하여 그 사람에게 말하지 마!

회화테스트

1. Чи түрүүлээд явчихав аа! Намайг хүлээж байгаарай.
먼저 가지 마세요! 나를 기다리세요.

2. Харин чи ирэхгүй удаад алга болчихов оо.
그렇지만 당신은 늦게까지 오지 않고 사라지면 안돼요.

3. Маргааш бороо л битгий ороосой.
내일은 비만 안 왔으면 해요.

4. Бид нар машинтай явах юм чинь.
우리는 차를 가지고 가면 되니까.

5. Маргааш өглөө эрт явна гэсэн шүү.
내일 아침 일찍 떠나지.

6. Маргааш хагас бүтэн сайнаар загсанд явна гэж тохирсон шүү дээ.
아, 너 잊은 것은 아니지? 다음 주말에 낚시하러 가기로 했었잖아.

연습문제

문제 1 다음 대화에 알맞은 것을 고르세요.

А: Энд нэрээ (　　)?
Б: Тийм, тэнд бичээрэй.

① бичье　　② бичээрэй
③ бичих үү　　④ бичүүзэй

문제 2 다음 대화에 알맞은 것을 고르세요.

А: Ким одоо монгол байгаа юу?
Б: Үгүй, тэр нутаг руугаа (　　).

① буцаарай　　② буцав аа.
③ буцсан　　④ буцмаар байна

МОНГОЛ ХЭЛНИЙ АНХНЫ АЛХАМ

연습문제 정답

제1과 인사

쓰기

1. Сонин сайхан юутай байна вэ?
2. Та сайхан амарсан уу?
3. Баяртай. Маргааш уулзъя.
4. Энэ миний харандаа биш.
5. Та хэн бэ?

연습문제

1. ④ Сайн, сайн байна уу?
2. ② уу

제2과 자기소개 및 가족소개

쓰기

1. Та өнөө орой завтай юу?
2. Би аав ээжтэйгээ хамт амьдардаг.
3. Нэг өдөрт найман цаг ажилладаг.
4. Манай ах гурван жижиг хүүхэдтэй.
5. Болдын ахын хоёр хуучин том торгон дээл тэнд байна.

연습문제

1. ② Тийм, миний эгч оюутан.
2. ③ авга ах

제3과 저는 한국에서 왔습니다

쓰기

1. Мэдэхгүй үгээ толь бичгээс хардаг.
2. Манай гэрээс сургууль хүртэл хол биш.
3. Би өглөө 8 цагаас 12 цаг хүртэл монгол хэл заалгаж байна.
4. Өнөөдөр өчигдрөөс дулаахан байна.
5. Би хааяа найзтайгаа хамт хичээл хийхээр уулздаг.

연습문제

1. ② хэзээ
2. ④ -аас

제4과 기숙사

쓰기

1. Би өглөө босоод гар нүүрээ угааж, өглөөний цайгаа уудаг.
2. Гэртээ ирээд даавгавраа хийдэг.
3. Орой телевиз үзэх юмуу найзтайгаа ярьдаг.
4. Хагас бүтэн сайнд гэртээ амрах юмуу гадуур явдаг.
5. Өнөөдөр хэддэх өдөр вэ?

연습문제

1. ① Тийм, Улаанбаатарт амьдарч байна.
2. ① давхарт

제5과 취미

쓰기

1. Би хөдөө явж морь унах дуртай.
2. Аялалаар явж байгалийн үзэсгэлэн харж баясдаг.
3. Би дараа жил монголд ирж морь унана.
4. Монгол хоол жаахан тос ихтэй боловч амттай.
5. Би бага байхдаа далайн эрэг дээр очоод усанд сэлдэг байв.

연습문제

1. ③ -ийг
2. ② уулзсан

제6과 기후 및 날씨에 대한 표현

쓰기

1. Хичээлээ тараад автобусаар гэртээ ирсэн.
2. Зуны амралтаараа хөдөө явна.
3. Говийн нутгаар халуун, хуурай зун болов.
4. Оройн цагаар явахдаа болгоомжтой байгаарай.
5. Гадаа салхитай байна. Цонхоо битгий нээгээрэй.

연습문제

1. ② бичээрэй
2. ① захиалаарай

제7과 물건 사기

쓰기

1. Зав гарвал дэлгүүр оръё.
2. Гэр лүүгээ явах замдаа найзтайгаа уулъя.
3. Хэрвээ хэрэг гарвал над руу утасдаарай.
4. Найзаасаа асуугаад танайд хамтдаа очъё.
5. Их дэлгүүр лүү явах замаараа сургуулиар ороод гарлаа.

연습문제

1. ① дулаахан
2. ② руу

제8과 시간표현

쓰기

1. Арав хагаст гэрээсээ гаръя.
2. Гурван цагт арван таван минут дутуу байна.
3. Зургаан цагаас өмнө заавал ирээрэй.
4. Би Минсүтэй уулзмагцаа чам руу утсаар ярья.
5. Минсү монголд очмогцоо байр хөлсөлжээ.

연습문제

1. ② нэг арван тав
2. ② хэзээ

제9과 길 묻기

쓰기

1. Би шинээр гарсан толь бичиг авах гэсэн юм.
2. Найзтайгаа хамт хөдөө аялалаар явах гэсэн юм.
3. Чигээрээ явж байгаад баруун гар тийшээ эргээрэй.
4. Дээшээ хоёр давхарт гарвал сургуулийн гуанз бий.
5. Тэр байшингийн хашуугаар өнгөрөөд зам гараарай.

연습문제

1. ①

제10과 식당

쓰기

1. Би найзтайгаа хамт солонгос хоол идэхээр боллоо.
2. Би гурван хуушуур, ногооны салаттай захиалмаар байна.
3. Би тооцоогоо картаар хийгээд баримтаа авмаар байна.
4. Би шарсан хавиргатай хуурга хагас порцоор авмаар байна.
5. Би монгол үндэсний хоол идэж үзмээр байна.

연습문제

1. ① чинь
2. ③ Таксинд суугаарай.

제11과 招待/약속하기

쓰기

1. Өнөө орой бүгдээрээ хамтдаа уулзая.
2. Манай ангийн найз нар манайд ирнэ.
3. Би хэнтэй ч уулзаж чадсангүй.
4. Би энэ тухай юу ч мэдэхгүй.
5. Өнөөдрийн болзоогоо битгий мартаарай.

연습문제

1. ③ өчигдрөөс
2. ③ уулзсан

제12과 전화하기

쓰기

1. Түүнийг сайн таньдаг боловч утасны дугаарыг нь мэдэхгүй.
2. Тэр ярихдаа сайн боловч бичихдээ муу.
3. Энэ үгнүүдийг заавал цээжлэх хэрэгтэй.
4. Маргааш өглөө эрт босох хэрэггүй.
5. Энэ өгүүлбэрүүдийг орчуулах хэрэгтэй ч цээжлэх хэрэггүй.

연습문제

1. ② ороод
2. ④ хэрэгтэй

제13과 은행/환전하기

쓰기

1. Телевиз үзэнгээ утсаар ярьж байна.
2. Болдтой уулзангаа түүнээс Батын тухай асуусан.
3. Шуудангаар оронгоо энэ захиаг явуулаарай.
4. Эмнэлгээр орж биеэ үзүүллээ.
5. Түүнийг ирвэл энэ суудалд суулгаарай.

연습문제

1. ③ Би ном унших тун дуртай.
2. ④ -аар

제14과 병원

쓰기

1. Намайг иртэл хүлээж байгаарай.
2. Аягаа дүүртэл цай хийж авсан.
3. Миний авах энэ толь бичиг надад их хэрэг болно.
4. Миний авсан энэ толь бичиг үнэхээр сайн.
5. Миний авмаар байгаа энэ толь бичиг жаахан үнэтэй юм.

연습문제

1. ④ очиж үзээгүй
2. ② гарахгүй байх

제15과 계절, 관광

쓰기

1. Би өглөө босонгуутаа кофе уудаг.
2. Би түүнийг харангуутаа таньсан.
3. Монголын цэв цэнхэр тэнгэр, цав цагаан үүл үнэхээр үзэсгэлэнтэй.
4. Тэр бүсгүй тас хар нүдтэй, час улаан уруултай байв.
5. Тэр хүн шингэвтэр үстэй, хүрэндүү царайтай юм.

연습문제

1. ② гучин зургаа
2. ③ бов

제16과 호텔

쓰기

1. Энэ чинь миний яриад байсан нөгөө кино шүү дээ.
2. Би чамд болгоомжтой бай гэж хэлсэн биз дээ.
3. Маргааш өглөө яг эрт босно доо.
4. Энэ Болдын гэр мөн биз?
5. Өчигдөр чи л байхгүй байлаа.

연습문제

1. ④ билээ
2. ① биз

제17과 교통수단

쓰기

1. Би ажлаа хийж байгаад дуусгаж амжилгүй гарсан.
2. Би ажлаа дуусгачихаад оройхон гарлаа.
3. Би Дархан явж байгаад замаасаа буцаад ирлээ.
4. Би Дархан явчихаад өчигдөр буцаж ирлээ.
5. Би жаахан орой унтлаа. Яагаад гэвэл, маргааш шалгалттай.

연습문제

1. ② учир нь
2. ② -чихсэн

제18과 스포츠

쓰기

1. Би энэ хүмүүсээс хэнийг ч танихгүй.
2. Би өнөөдөр юу ч идээгүй ингээд явж байна.
3. Энэ бол өөр хаана ч байхгүй үнэтэй эрдэнэ.
4. Хурдхан зун болж хөдөө явах юмсан.
5. Эртхэн харьж амрах юмсан.

연습문제

1. ③ Хэзээ уулзах вэ?
2. ② юмсан

제19과 패션, 유행

쓰기

1. Туяа шинээр моодонд ороод байгаа хувцас авахын төлөө мөнгөө хайрладаггүй.
2. Тэр өдөр болгон шахам дэлгүүр хэсдэг.
3. Ийм загвартай хувцас монголд байтугай солонгост ч ховор.
4. Энэ бол Дундэмүн гэдэг худалдааны том төв.
5. Чи хүртэл надад ингэж хэлнэ гэнээ.

연습문제

1. ③ миний хуучны хоёр сайн
2. ② их

제20과 여가생활

쓰기

1. Зун хурдан болоосой.
2. Завтай байсан бол хагас бүтэн сайнд загсанд явах байлаа.
3. Өөрийнхөө төлөө зав чөлөө гаргаж сураасай.
4. Энэ ажлыг тэр ганцаараа хийж дуусгаг.
5. Юун дээр алдснаа сайн бодог.

연습문제

1. ② бичээрэй
2. ③ буцсан

몽골어 첫걸음

초판 인쇄 2017년 2월 21일
초판 발행 2017년 2월 28일

지은이 김기선 · Ulziibat, Dorj
발행인 김인철
총괄 · 기획 가정준 Director, University Knowledge Press
편집장 신선호 Executive Knowledge Contents Creator
도서편집 김민정 Contents Creator
전자책편집 최인우 Chief e-Contents Creator
재무관리 김은혜 Managing Creator
발행처 한국외국어대학교 지식출판원
02450 서울특별시 동대문구 이문로 107
전화 02)2173-2493~7
팩스 02)2173-3363
홈페이지 http://press.hufs.ac.kr
전자우편 press@hufs.ac.kr
출판등록 제6-6호(1969. 4. 30)
디자인 · 편집 디자인퍼브 02) 2254-4308
인쇄 · 제본 네오프린텍(주) 02)718-3111

ISBN 979-11-5901-176-4 13730 정가 24,000원

*잘못된 책은 교환하여 드립니다.

HUiNE은 한국외국어대학교 지식출판원의 어학도서, 사회과학도서, 지역학 도서 Sub Brand이다. 한국외대의 영문명인 HUFS, 현명한 국제전문가 양성(International +Intelligent)의 의미를 담고 있으며, 휴인(携引)의 뜻인 '이끌다, 끌고 나가다'라는 의미처럼 출판계를 이끄는 리더로서, 혁신의 이미지를 담고 있다.

이 책의 음원(mp3)은 한국외국어대학교 지식출판원 홈페이지(press.hufs.ac.kr) - 게시판 - 자료실에서 다운받아 사용하시기 바랍니다.